Blumenbar
Willkommen im Club

Nina Sahm
Das letzte Polaroid

Blumenbar
bei Aufbau

Nina Sahm arbeitete als Dramaturgin in Aalen und Gießen. Seit sie bei einem Studienaufenthalt in Budapest für eine ungarische Kulturzeitschrift eine Rezension zu Antal Szerbs *Reise ins Mondlicht* verfasste, ist das Land ein fester Bestandteil ihres Lebens und Schreibens. 2012 war sie Stipendiatin der Jürgen-Ponto-Stiftung. Sie lebt in München. *Das letzte Polaroid* ist ihr Debütroman.

Als sich Anna und Kinga im Urlaub am Balaton begegnen, beginnt eine Freundschaft, die beider Leben für immer verändern wird. Vom ersten Moment an teilen sie alles miteinander, ihre Kleidung, ihr Parfüm, ihre Süßigkeiten und ihr erstes Mal. Auch wenn sie sich danach jahrelang nicht sehen, erzählen sie einander alles: Von Kingas sexuellen Vorlieben bis zur Trennung von Annas Eltern.

Als Anna erfahren muss, dass Kinga nach einem Unfall im Koma liegt, reist sie nach Budapest, eine Stadt im Aufruhr gegen die Orbân-Regierung. Doch statt an Kingas Krankenbett zu sitzen, beginnt Anna immer tiefer in Kingas altes Leben einzutauchen. Immer wieder muss sie dabei an die Tage am Balaton denken. War es wirklich so eine unbeschwerte Zeit gewesen, oder hatte sie die Ereignisse bis zuletzt nie richtig verstanden? Konnte sie überhaupt für Kinga da sein?

Leichtfüßig, voll untergründiger Sprengkraft und mit einem furiosen Finale: Eine Geschichte über große Freundschaft und die Sehnsucht, jemand anders zu sein, koste es, was es wolle.

Nina Sahm

das letzte Polaroid

Roman

Blumenbar

Für Stephan

ISBN 978-3-351-05008-5

Blumenbar ist eine Marke der Aufbau Verlag GmbH & Co. KG

1. Auflage 2014
© Aufbau Verlag GmbH & Co. KG, Berlin 2014
Umschlaggestaltung und Illustration Tim Jockel
Satz LVD GmbH, Berlin
Druck und Binden CPI – Clausen & Bosse, Leck
Printed in Germany

www.blumenbar.de
www.aufbau-verlag.de

Zitronenbonbons

Ich stand auf dem Bahngleis, ein Polaroid von Kinga und ihren Eltern in den Händen, das ich bis zur Abreise zwischen dem fünften und sechsten Band meiner Enzyklopädie versteckt hatte. Ich betrachtete die Gesichter, hörte wieder Kingas lautes Lachen. Wenn wir die Promenade am Hafen entlangspaziert waren, zog sie ihren Rock ein Stück nach oben, und alle Jungs drehten sich nach ihr um. Ich sah Csaba vor mir, wie er mich mit seinen kräftigen Händen in der Luft herumschwang. Fliegengewicht, nannte er mich. Und ich dachte an Èvas lange Umarmungen, an den Kokosduft ihrer dicken braunen Haare. Oder war es Vanille?

Zehn Jahre waren vergangen, seit ich auf den schmalen Wegen rund um unser Ferienhaus die Schritte zum See gezählt hatte. Ich setzte einen Fuß vor den anderen und versuchte, die Ritzen zwischen den Asphaltsteinen nicht zu berühren. Es brachte Unglück, wenn man auf die Linien trat, so viel war klar, ich fragte mich nur, was genau passieren würde und ob ich es herausfinden wollte. Nein, dachte ich, besser nicht. Als mich ein Kirschkern am Hinterkopf traf, war das Spiel vergessen. Ich sah mich nach allen Richtungen um und entdeckte ein Mädchen im Garten der Nachbarn, sie saß im Kirschbaum und winkte. Ich kletterte über den Zaun, und sie warf mir ein paar Kirschen aus den Ästen herunter. Nach einer Weile kamen ein bärtiger Mann und eine Frau mit einem bunten Haarband auf mich zu. Sie deuteten mit dem Zeigefinger auf sich und nannten mir ihre Namen: Èva. Csaba. Das Mädchen im Kirschbaum schüttelte den Kopf, weil ich den Namen ihres Vaters so falsch aussprach. Tschobbo, sagte sie wieder und wieder zu mir, bis ich es halbwegs fehlerfrei imitieren konnte. Erst dann erfuhr ich ihren Namen.

Das ist Kinga, sagte Èva auf Deutsch und zog mich unter ihren Sonnenschirm, wo sie mir ein Glas mit Holunderlimonade reichte.

Selbstgemacht, sagte sie.

Ich nahm einen Eiswürfel in den Mund und schob ihn mit der Zunge zwischen den Zähnen hin und her. Wenn sie etwas auf Deutsch sagten, kicherte ich. Es klang, als würden sie singen. Sie wollten mehr über mich wissen und mussten mir die Antworten häppchenweise entlocken. Kinga zupfte ungeduldig an Èvas Kleid und zog mich zurück unter den Kirschbaum.

Wie alt bist du, fragte sie.

Vierzehn. Und du?

Vierzehn Jahre und sieben Monate.

Sie zog ein Notizheft aus der Rocktasche.

Was ist das?

Mein Tagebuch. Oder besser gesagt: Das Buch über meinen Schwarm. Sagt man das so, Schwarm?

Ich nickte.

Hast du auch einen Schwarm?

Nein, noch nicht.

Sie sah mich betreten an.

Wir können uns meinen teilen.

Sie beschrieb mir den Jungen, den sie in diesem Urlaub kennengelernt hatte und den sie seitdem erobern wollte, um jeden Preis. Es war der Sohn des Tretbootverleihers, er hatte lange Beine und Sommersprossen auf der Nase, und seit er Kinga an einem Nachmittag das Schmetterlingschwimmen beigebracht hatte, war es um sie geschehen. Sie studierte jede seiner Bewegungen aus der Ferne und hielt sie in ihrem Heft fest, sie überlegte sich Sätze, die sie zu ihm sagen würde, und wusste bereits, wie ihr erster Kuss aussehen würde.

Warum hast du noch keine Brüste, fragte sie.

Ich zuckte mit den Schultern.

Willst du meine sehen?

Sie zog ihr T-Shirt hoch, bevor ich antworten konnte.

Im Frühling waren sie winzig, aber langsam wachsen sie, zum Glück, ich habe schließlich lange darauf gewartet.

Wir pflückten uns Kirschen von den Ästen und beim Wettspucken der Kerne gewann ich haushoch. Kinga fluchte und versuchte krampfhaft, meine Rekorde zu brechen.

Ohne Brüste hast du bei den Jungs verloren, sagte sie.

Ich sah erst wieder auf, als meine Mutter von unserer Terrasse aus laut und bestimmt meinen Namen rief. Abendessenzeit. Èva wechselte ein paar Worte mit ihr und bot ihr Limonade an, was meine Mutter mit einer schnellen Kopfbewegung ausschlug. Erst als meine Mutter herausfand, dass Èva als Krankenschwester arbeitete, lachte sie kurz auf und schüttelte den Kopf.

So ein Zufall, sagte sie. Meine Mutter war Architektin und hatte ihren Schwerpunkt auf Krankenhäuser und Arztpraxen gelegt. *Health Care Design* stand auf ihrer Visitenkarte.

Wie beim Verschieben der Wände im *Verrückten Labyrinth* versuchte ich, mir einen Weg durch die bruchstückhaften Erinnerungen zu bahnen. Ich sah unsere Mütter nebeneinander stehen, während Kinga und ich uns wortlos von Kopf bis Fuß beäugten. An diesen ersten Urlaubstagen, als meine Eltern mir den Kontakt zu den ungarischen Nachbarn noch nicht verboten hatten. Ich sah, wie ich an der Hand meiner Mutter zurück in unser Ferienhaus lief. Ich hatte ihre schmale Statur geerbt, die kurzen Beine und die flache Brust, nur ihre langen Locken, die bei jedem Schritt wippten, hatte sie nicht an mich weitergegeben. Korkenzieherlocken, sagten ihre Freundinnen, wenn sie ihr Komplimente machten. Ich betrachtete es als Minusgeschäft, dass ich wie mein Vater dünne blonde Haare und einen kleinen Höcker auf dem Nasenrücken hatte. Kurz bevor ich durch die Terrassentür in unser Wohnzimmer schlüpfte, winkte ich Kinga ein letztes Mal. Sie steckte zwei Finger in den Mund und pfiff mir hinterher, einmal kurz, einmal lang, dreimal kurz.

Mein Vater hatte einen Stadtplan und mehrere Reiseführer von Budapest vor sich auf dem Tisch ausgebreitet. Er wollte mit mir die Stadt erkunden, in der Zeit, in der meine Mutter mit dem Leiter des Krankenhauses beschäftigt sein würde, um ihre Entwürfe für den Neubau durchzusprechen. Mein Vater zeigte auf die Fotos von bauchigen Vasen und verzierten Schwertern, sprach von einem Orgelkonzert in der Basilika und der guten Aussicht vom Burgberg aus. Ich blätterte durch einen der Reiseführer und suchte nach einem Freibad mit Rutsche und Sprungturm, nach einem Rummelplatz mit Riesenrad und Kettenkarrussel und als ich auf den Abbildungen nichts davon fand, zumindest nach Affen, Krokodilen und Hängebauchschweinen.

Meine Mutter schmierte in der Küche Brote für uns, und ich lockte meinen Vater auf das Sofa, damit er mir seine Rätselfragen stellte.

Wie hoch ist der Turm von Pisa?

54,75 Meter.

Wie heißt der klarste See der Welt?

Ich sah ihn ratlos an, und er ließ mich zappeln, bis ich vor Ungeduld an seinem Leinenhemd zerrte.

Der Mashusee in Japan. Die Sicht reicht 42 Meter in die Tiefe.

Er setzte seine Brille auf und sah mir in die Augen, bevor er mir die nächste Frage stellte.

Welche drei Begriffe enthalten alle Vokale in alphabetischer Reihenfolge?

Wasserskisportclub, Frankreichtour und Hackentricktorschuss.

Es war ein Training für die Zukunft. Er hatte mir erklärt, wie wichtig es wäre, den anderen voraus zu sein. Alles würde dann sehr einfach sein, ein Leben wie im Selbstbedienungsladen.

In welchem Land darf Kaugummi nur gegen Vorlage eines Ausweises gekauft werden?

In Singapur.

Wir müssen uns gegen die natürliche Auslese wehren, sagte er, wir müssen stärker sein.

Er fing bei jeder Gelegenheit mit Darwin an, es war seine Lieblingstheorie, sie erklärte alles für ihn, sogar den Umgang mit seiner Tochter.

Die wesentlichen Faktoren der Evolution sind Mutation, Neukombination, Isolation und Selektion, sagte ich, bevor er seinen melancholischen Blick bekommen konnte und wieder minutenlang nicht ansprechbar war.

Und wie funktioniert die natürliche Auslese?

In einer Gruppe von Lebewesen überleben nur die Individuen, deren Gene sich besonders günstig an die bestehende Umwelt angepasst haben. Alle anderen kommen nicht durch.

Siehst du, sagte mein Vater, das musst du dir merken.

Meine Mutter stellte ihre kalte Platte auf den Küchentisch, die Brote mit Scheibenkäse und Kräuterquark türmten sich auf der linken und die Brote mit Leberwurst und Schinken auf der rechten Seite. Dazu gab es eingelegte Zwiebeln, kleine Maiskolben und saure Gurken. Mixed Pickles, sagte mein Vater und ich versuchte, den seltsamen Ausdruck mit vollem Mund nachzusprechen. Bei jedem Bissen dachte ich an Kinga. Nach dem Abräumen verbrachte ich viel Zeit im Bad, betätigte regelmäßig die Spülung und stöhnte, als hätte ich furchtbare Bauchkrämpfe. Mein Vater gab mir Kohletabletten, und meine Mutter füllte heißes Wasser in eine Wärmflasche.

Hoffentlich bist du morgen wieder fit, sagte sie, es wird eine lange Fahrt.

Während sie in den Büchern blätterten, zerkaute ich in der Küche eine Scheibe Toastbrot, spuckte die Bissen in eine Müslischale und vermischte sie mit Apfelsaft. Dann zog ich mich in mein Zimmer zurück und verteilte die Toastbrotkotze auf dem Boden. Ich legte mich unter die Decke und rief mit dünner Stimme nach meiner Mutter. Sie blieb im Türrahmen stehen und starrte bewegungslos auf den Teppich, dann zog sie sich Gummihandschuhe über und wischte das falsche Erbrochene mit einem großen Putzlappen auf. Als sie sich zu mir ans Bett setzte, schwieg sie. Ich zählte die Falten auf ihrer Stirn, die Blumen auf ihrer Bluse, die Sterne auf meinem Nachthemd.

Besser du bleibst hier, sagte sie schließlich.

Am nächsten Morgen saßen meine Eltern am Frühstückstisch und warteten auf mich. Ich trug einen Bademantel von meiner Mutter, der mir bis zu den Fußspitzen reichte und kam mit Trippelschritten in die Küche.

Du kannst den Tag bei den Nachbarn verbringen, sagte meine Mutter. Neben meinem Platz stand mein kleiner Rucksack, er war längst voll bepackt. Wenn

11

meine Eltern mich alleine ließen, sollte ich wenigstens auf die wichtigen Dinge nicht verzichten müssen: Erfrischungstücher, ein Halstuch, Kniestrümpfe, runde und rechteckige Pflaster, Notfalltropfen, Taschentücher, Zwieback, Salzstangen, Reiswaffeln, 2 Packungen Kopfschmerztabletten, Zäpfchen, Salbeibonbons, eine Mütze, das Fieberthermometer, Baldrian, Vitamintabletten, Zahnseide, Kamillentee, eine Schlafbrille mit Kühlpad und ein aufblasbares Nackenkissen. Meine Mutter brachte mich zu den Nachbarn, und während sie sich mit Èva an der Tür besprach, zog Kinga mich in die Küche.

Ich bin gar nicht krank, flüsterte ich.

Wir aßen mit Quark gefüllte Schokoladenriegel, und Kinga zeigte mir ihren Kühlschrank: das halbe Gemüsefach war mit diesen Riegeln gefüllt. Schokolade gab es bei uns nur ganz selten. Kurz bevor ich in die Schule kam, warnte mich mein Vater vor den Bakterien, die auf meinen Zähnen wohnten und sich nur von Zucker ernährten. In meinem Mund würden sie den Zucker in Säuren verwandeln, die erst den Zahnschmelz angriffen, dann zum Zahnbein vordrangen und schließlich den Zahnnerv befielen. Er sprach davon, dass ich die Bakterien nicht füttern durfte und mich gesund ernähren sollte. Ich verstand damals nicht, was der Zahnschmelz war und warum meine Zähne Beine hatten. Nur die Bakterien konnte ich mir vorstellen, sie hatten riesige Münder, und ich sah sie in Zeitlupe schrumpfen, wenn ich mich von Schokolade und ähnlichem fern hielt.

Bei den Milchzähnen ist das eine Sache, sagte mein Vater, aber die bleibenden Zähne hast du dein ganzes

Leben. Da kannst du nichts wieder gutmachen, da wächst nichts mehr nach.

Wenn ein Kind aus meiner Klasse während der Pause eine Milchschnitte aß, dachte ich mit einem Überlegenheitsgefühl an die hungrigen Bakterien und biss glücklich in meinen Apfel. Erst am Balaton ließ ich langsam Schokoladenstücke auf meiner Zunge zergehen, schob mir weiße Mäuse in den Mund und lutschte Zitronenbonbons. Und als Kinga mir lachend ihre makellosen Zähne zeigte, geriet die Theorie meines Vaters ins Wanken.

Èva kam zu uns in die Küche, stellte den Rucksack mit meiner Notfallverpflegung in die Ecke und kochte Tee aus Lindenblüten und Malven, Kamille und Johanniskraut.

Es geht mir schon viel besser, sagte ich.

Èva sah mich prüfend an, und ich war mir sicher, dass sie mein Spiel durchschaute. Sie fuhr mir durch die Haare.

Wie gut, sagte sie, wie gut.

Kinga und ich liefen mit den dampfenden Tassen in den Garten, Kinga warf ihre Sandalen weit von sich und legte sich ins Gras. Ich setzte mich im Schneidersitz neben sie.

Das ist nicht dein Ernst, sagte Kinga und zog mir die Schuhe aus. Sie trieb mich durch den Garten, bis ich keuchend um Gnade flehte. Während ich mich erholte und den Himmel nach Wolkentieren absuchte, versteckte Kinga sich hinter der Hecke und pfiff allen Jungs

13

hinterher, die am Zaun entlang liefen. Aus dem gegenüberliegenden Garten zog ein Geruch nach Holzkohle
zu uns herüber, ich hörte wie Plastikbesteck klapperte,
Flaschen klirrten und Gartenstühle über den Terras-
senboden gezogen wurden. Nach einem besonders lauten Pfeifton von Kinga schwenkte der Nachbar seine
Grillzange hin und her und bat um Ruhe. Wir ignorierten ihn, und ich versuchte, es Kinga nachzumachen. Sie
zeigte mir, wie ich Daumen und Mittelfinger der rechten Hand kreisförmig zusammenführen sollte, wie ich
meine Zunge am besten faltete und wie ich meine beiden Finger an die Zungenspitze legte. Ich zischte und
spuckte, aber ein Pfeifton kam mir nicht über die Lippen. Als Kinga nach einer Weile mitleidig den Kopf
schüttelte, zog ich die nassen Finger wieder aus dem
Mund.

Später liefen wir zusammen zum See, Èva, Csaba,
Kinga und ich. Zwischen den Familien, die sich auf ihren Handtüchern dicht gedrängt am Ufer sonnten, breitete Èva eine große Decke für uns aus. Kinga warf ihr
Kleid auf den Boden und lief im Bikini Richtung Wasser, ihre Brüste wippten. Ich folgte ihr zögernd. Wir
schwammen mit schnellen Zügen ein paar Meter, dann
legten wir uns auf den Rücken und versuchten vergeblich, wie ein toter Mann auf dem Wasser zu treiben.

Bist du Jungfrau, fragte Kinga.

Nein, Krebs.

Sie prustete und schluckte Wasser.

Ich meine: Bist du NOCH Jungfrau?

Ich tauchte unter.

Muss dir nicht peinlich sein, sagte sie, als ich wieder oben war. Ich bin es auch noch. Aber nicht mehr lange.

Wir schwammen zurück zum Ufer, wateten aus dem Wasser zu Èva und Csaba und wickelten uns in riesige Handtücher. An einem Kiosk kauften wir Pommes und Burger und als ich gestand, noch nie in einem Fastfood-Restaurant gegessen zu haben, schüttelten die anderen ratlos den Kopf. Kinga steckte sich Pommes in die Ohren, und Csaba fotografierte sie mit einer Kamera, aus der kurze Zeit später mit einem surrenden Geräusch das Foto herausgefahren kam. Ich durfte das Bild so lange in der Luft hin und her bewegen, bis sich die ersten Umrisse vom dunklen Hintergrund abhoben und mir schließlich Kinga mit ihren Pommesohren entgegengrinste. Nach dem Essen verschwanden wir alle vier wieder im Wasser. Èva und Csaba schwammen ein Stück, während Kinga und ich Handstand übten bis unsere Lippen blau waren. Csaba trug mich ans Ufer und auf der Decke begutachtete er meine Füße, die Brille wie ein Forscher auf der Nase weit nach vorne geschoben.

Was machst du, was machst du, fragte ich immer wieder und bekam keine Antwort.

Er ist auf der Suche nach Schwimmhäuten, sagte Èva. Wer weiß, vielleicht bist du ein Fisch geworden, dann kannst du hier bleiben und im Wasser leben.

Ja, ja, ja, rief ich. Èva trocknete meine Haare mit einem Handtuch, und Csaba ließ seufzend meine Füße los.

Nichts zu machen, sagte er, weit und breit keine Schwimmhäute.

Ich befreite mich aus Èvas Griff und schüttelte meine Haare nach allen Seiten aus.

Gehen wir morgen wieder an den See, fragte ich, und die beiden nickten.

Wenn deine Eltern es erlauben.

Die Eltern. Ich holte einen Zitronenbonbon aus meiner Tasche und rollte ihn nachdenklich in meinem Mund hin und her. Kinga flocht erst sich und dann mir zwei Zöpfe. Csaba nahm die Kamera und wenige Minuten später schob sich das erste Foto von Kinga und mir heraus. Arm in Arm fletschten wir unsere Zähne.

Darf ich mit Anna Boot fahren gehen, fragte Kinga und zwinkerte mir hinter dem Rücken ihrer Eltern zu.

Jó, sagte Èva. Aber wir gehen schon mal zurück zum Ferienhaus, es gibt Halászlé, Fischsuppe. Das dauert.

Kinga und ich liefen den asphaltierten Weg am Seeufer entlang, vorbei an den Strandcafés und Gyrosbuden, Softeisständen und mehrstöckigen Hotels.

Wie nennt ihr diese Boote, in denen man die Beine bewegen muss, damit sie fahren, fragte sie.

Tretboote.

Im Ungarischen heißt das: Kölscönzö.

Költschön - wie?

Sie zog eine kleine Flasche Aprikosenschnaps aus der Tasche.

Nimm einen Schluck, sagte sie, das macht mutig.

Ich nippte am Schnaps, und Kinga lachte, als ich hustete. Ich presste die Flasche noch einmal an die Lippen und trank, als wäre es Wasser. Mein Hals juckte. Kinga zog mich an der Hand zu den Tretbooten, die auf dem Wasser trieben. Der Bootsverleiher saß mit seinem Sohn auf Plastikstühlen am Ufer, auf dem Tisch vor ihnen stand eine kleine Kasse und eine Strichliste. Es gab kaum Striche.

Einmal den Schwan, sagte Kinga und legte einen Forint-Schein auf den Tisch.

Ich komme mit, sagte der Junge und grinste.

Das ist Bence, sagte Kinga. Der Junge streckte mir die Hand entgegen und drückte fest zu, während sein Vater das weiße Tretboot mit dem Schwanenkopf vom Steg löste.

Sag schon, wie findest du ihn, flüsterte Kinga mir ins Ohr, und ich zeigte ihr hinter Bences Rücken meinen erhobenen Daumen. Nacheinander hüpften wir auf das Boot. Kinga und Bence setzten sich in die erste Reihe mit den Pedalen, ich nahm hinter ihnen Platz und starrte auf Bences Rücken, die Sommersprossen auf seinem Nacken und die Muskeln, die sich unter dem T-Shirt abzeichneten.

Die beiden strampelten um die Wette, um uns so schnell wie möglich voranzubringen. Als Bences Vater auf Stecknadelgröße geschrumpft war, stand Kinga auf und zog ihr T-Shirt aus. Wir lachten und zeigten auf die hellen Abdrücke auf ihrem gebräunten Körper, die Übergänge an Hals und Armen.

Du musst unbedingt die Rutsche ausprobieren, sagte Kinga zu mir und legte einen Arm um Bence.

Ich kletterte die Stufen nach oben und sah aus dem Augenwinkel, wie Kinga sich zu Bence beugte und ihm ihre Zunge wie einen glitschigen Fisch in den Mund schob. Ich ließ mich ins Wasser gleiten und schwamm ein paar Meter, bis ich genügend Sicherheitsabstand hergestellt hatte. Mein Badeanzug klebte kalt am Körper, ich spürte Algen zwischen meinen Beinen und strampelte vor Ekel mit den Füßen. Das Wasser war so dunkel, dass ich nicht erkennen konnte, was noch alles um mich herum schwamm. Ich überlegte, ob es am Balaton Quallen oder giftige Fische gab oder Würmer, die sich unter der Haut einnisten konnten, und ärgerte mich, dass die wichtigen Dinge in den Wissenstests meines Vaters nie vorkamen. Nach ein paar Schwimmzügen wurde ich ruhiger. Während ich die Arme erst nach vorne streckte und dann bis auf die Höhe des Brustkorbs zurückzog, tauchte ich vorsichtig unter. Mit jedem Zug verlängerte ich die Gleitphasen und stellte mir vor, wie ich immer weiter und weiter auf den See hinausschwimmen würde, ohne dass mich jemand aufhielt. Ich wechselte in die Rückenlage und paddelte mit den Füßen, um auf der Stelle liegen bleiben zu können. Über mir war keine einzige Wolke am Himmel zu sehen, und für einen Moment kam es mir so vor, als ob die Welt still stände.

Mein Fuß verkrampfte. Ich schluckte Wasser und versuchte, ohne Beinschlag voranzukommen. Das Boot war nur noch als Fleck am Horizont zu sehen und trieb offenbar in die entgegengesetzte Richtung. Ich rief nach Kinga, obwohl ich befürchtete, dass sie mich nicht hören konnte. Ich versuchte, das Bein auszuschütteln, und drehte mich vom Bauch auf den Rücken und wieder zurück. Nichts half und es schien mir, als würde der Fuß schwerer und schwerer. Ich rief um Hilfe und hielt Ausschau nach anderen Schwimmern, doch weit und breit war niemand zu sehen. Erst dann fiel mir ein, dass ich einen Krampf durch abwechselndes Spannen und Entspannen der Muskeln lösen konnte. Eine Regel, die mir mein Vater bei meinen ersten Schwimmversuchen im Hallenbad eingetrichtert hatte. Ich umfasste den Fuß mit den Händen und zog ihn zum Körper, anschließend streckte ich das Bein. Nach ein paar Wiederholungen funktionierten die Muskeln wieder fast wie gewohnt. Nur ein leichtes Ziehen war geblieben. Ich schwamm zurück, und erst als das Boot nur noch wenige Meter entfernt war, verlangsamte ich. Kinga hatte sich auf Bences Schoß gesetzt und ihre Beine hinter seinem Rücken verknotet. Ich tauchte den Kopf fast ganz unter die Wasseroberfläche und näherte mich vorsichtig. Kinga bewegte sich im Rhythmus der Wellen auf und ab und stieß einen hellen, spitzen Schrei aus, kurz bevor ich wieder auf das Boot kletterte. Bence zog seine Badehose schnell nach oben und drehte sich von mir weg, Kinga sah mir direkt in die Augen.

Willst du auch mal, fragte sie.

Niemand antwortete, ich nicht und Bence nicht, wir vermieden es, uns in die Augen zu sehen. Bence trat in die Pedale, und Kinga klopfte mit den Händen auf die Sitze. Sie hatte die Augen geschlossen, und ich war froh, dass sie nichts sagte. Ich zog den Schnaps aus ihrer Tasche und trank noch einen Schluck, diesmal brannte es kaum noch. Am Ufer stiegen wir aus dem Boot und verabschiedeten uns schnell. Bences Vater zeigte vorwurfsvoll auf die Uhr, wir waren länger als eine Stunde unterwegs gewesen, und er wollte Feierabend machen. Sein Magen knurrte und er verstand nicht, wie wir so rücksichtslos sein konnten.

Kinga und ich beeilten uns, zurück zur Ferienwohnung zu kommen. Ich hatte Sonnenbrand auf den Schultern, der Wind wehte die Servietten von den Cafétischen und ein Mann mit einer Hundeleine in der Hand rief nach Rocky, seinem entlaufenen Pudel.

Kein Wort zu meinen Eltern, sagte Kinga, wir sind zu zweit Tretboot gefahren, sonst nichts. Verstanden?

Sie sah mich an, als würde sie mich hypnotisieren wollen.

Kein Wort zu meinen Eltern, sagte ich und starrte zurück, ich bin immer noch krank. Verstanden?

Die letzten Meter rannten wir um die Wette, ich war schneller als Kinga, doch kurz vor der Ferienwohnung begann mein Magen zu rumoren, als wären wir Achterbahn gefahren. Ich wechselte ins Schritttempo. Èva stand auf der Terrasse, es roch nach frischem Fisch.

Ihr seid spät, sagte sie, wo wart ihr nur so lange?

Schwimmen und Boot fahren, sagte ich, und Kinga verschwand auf der Toilette. Ich setzte mich unter den Kirschbaum und rieb mir über den Bauch. In diesem Moment bog das Auto meiner Eltern um die Ecke, sie parkten am Straßenrand. Èva winkte, bis sie näher kamen.

So schnell bist du also wieder gesund geworden, sagte meine Mutter, als sie mich mit nackten Füßen im Garten sitzen sah.

Das muss die ungarische Luft sein, sagte Èva und Csaba streckte eine Flasche selbst gemachten Nusslikör in die Höhe, die er langsam wieder sinken ließ, als er hörte, dass meine Eltern keinen Alkohol tranken.

Schlecht für die Gesundheit, sagte mein Vater.

Èva nickte verständnisvoll. Csaba schenkte sich einen Schluck Likör ein, trank das Glas in einem Zug aus und fuhr sich mit der Zunge über die Lippen, als wollte er auch den letzten Tropfen genießen. Meine Eltern verabschiedeten sich nur wenige Minuten später. Als wir wieder in unserer Ferienwohnung standen, rümpfte meine Mutter die Nase. Ich hatte Grasflecken auf dem weißen Rock, Schokoladenflecken auf dem T-Shirt und trug nur noch eine Sandale. Mein Vater setzte sich mit dem *New England Journal of Medicine*, das er abonniert hatte, auf das Sofa.

Meine ersten englischen Wörter hatte ich gelernt, als mein Vater mir die Aussprache der Überschriften auf dem Titel beibrachte. Ich stellte mir vor, wie ich kurz nach dem Schulabschluss mit dem Nobelpreis für Medizin ausgezeichnet werden würde, meinem Lieblingspreis. Auf Spaziergängen brachte mein Vater mir die Namen der Preisträger der letzten Jahre bei, bis ich sie alle herunterrattern konnte, bei jedem Schritt einen Namen: Tonegawa Susumu, James Whyte Black und Gertrude Belle Elion. Erwin Neher, Bert Sakmann und Edmond Henri Fischer.

Als ich mich neben meinen Vater setzen wollte, übergab ich mich, und das Erbrochene sprenkelte den frisch geputzten Wohnzimmerboden. Meine Mutter riss alle

Fenster im Wohnzimmer auf und zog sich erneut die Gummihandschuhe über. Sie ließ Wasser in die Badewanne laufen, und als ich meine Sachen auszog, rollten Zitronenbonbons über die Kacheln. Ich tauchte meinen Kopf unter Wasser, bis ich wieder nach oben gezogen wurde und meine Mutter mich mit einem Schwamm, den sie wie einen Handschuh überzog, in kreisenden Bewegungen abschrubbte. Mit geröteter Haut bat ich, aus der Wanne steigen zu dürfen, und sie wickelte mich in ein Handtuch. Ich sah mich im Bad um. Von den Bonbons keine Spur.

Die Abfahrt des Zuges rückte näher und die Reisenden reihten sich wie Perlen auf einer Kette entlang der gelben Linie auf. Ich schob das Foto zurück in den Umschlag mit Èvas Brief. Es waren nur wenige Zeilen, aber sie hatten dafür gesorgt, dass ich den Koffer packte. Von einem Tag auf den anderen. Eine Frau in einem hellen Kostüm blieb vor der Infotafel mit dem Wagenstandsanzeiger stehen. Ihre dunklen Korkenzieherlocken reichten bis zu den Schulterblättern, die schmalen Fesseln steckten in schwarzen Pumps. Ein vertrauter Anblick. Als sie den Reißverschluss ihrer Umhängetasche öffnete und ihren Kalender herauszog, war sie für einen kurzen Moment im Profil zu sehen. Sie presste die dünnen Lippen aufeinander, ihr Teint war blass, doch ich musste ihre Augen sehen, um wirklich sicher zu sein. Hatte meine Mutter etwa von meiner Abreise erfahren? Eine Ewigkeit war vergangen, seit ich sie das letzte Mal gesehen hatte. Nach und nach hatte ich mich an meine Unabhängigkeit gewöhnt, doch eine gewisse Leere war geblieben. Ich war nicht sicher, ob ich bereit für eine Begegnung war. Unwillkürlich machte ich ein paar Schritte rückwärts und fiel in eine aufgefaltete Zeitung, in die ein Mann mit Baskenmütze vertieft war. Ich entschuldigte mich und der Fremde nickte mir zu.

Im Falle eines Falles, ist richtig fallen alles, sagte er und lachte laut. Seine rundlichen Wangen erinnerten mich an die Quarkbällchen, die ich Tag für Tag in der Bäckerei geformt hatte. Er rollte die Zeitung zusammen und zog eine offene Kekspackung aus seinem Rucksack, die er mir entgegenhielt. Ich wandte mich ab und suchte den Bahnsteig nach der Frau mit den Locken ab.

Auf Gleis 7 fährt ein: Nachtzug nach Budapest. Bitte Vorsicht bei der Einfahrt.

Ich stellte mich auf die Zehenspitzen, doch die Reisenden drängten zum einfahrenden Zug und zogen mich mit sich. Ich stieg ein und lief von Waggon zu Waggon, bis mich ein Zugbegleiter am Arm festhielt. Er redete auf Ungarisch auf mich ein und stockte, als er an meinem ratlosen Gesicht erkannte, dass ich kein Wort verstand.

Ticket, Ticket, raunzte er ungeduldig unter seinem Schnauzer hervor. Er hakte mich auf einer Liste ab und wies mich einem nur wenige Meter entfernten Abteil zu. Ich streckte meine Hand nach der Fahrkarte aus, doch er scheuchte mich wie einen streunenden Hund davon. Schnell öffnete ich die Schiebetür zu meinem Abteil. Im Dämmerlicht murmelte eine Frau im Schlaf in einer mir unbekannten Sprache, ein Kind drückte sein Gesicht in das Fell eines Teddybären und der ausladende Bauch eines Mannes hob und senkte sich im Rhythmus seines Schnarchens. Die anderen Liegen waren noch frei. Ich versuchte, meinen Koffer unter die Sitze zu schieben, doch der Platz reichte nicht aus. Hinter mir räusperte sich der Mann mit der Baskenmütze, nahm mir den Koffer ungefragt aus der Hand und hob ihn schwungvoll in ein Gepäckfach über den Köpfen der Schlafenden. Er legte seine Mütze neben sich auf die Matratze, stellte sich als Joachim vor und schüttelte meine Hand einen Moment länger als notwendig. Ich betrachtete die kleinen Schweißperlen rund um seine Fingerknöchel und die roten Pusteln auf dem Handrücken. Ich hatte nicht gedacht, dass ich die Desinfektionstücher eines Tages vermissen würde, die mir mein Vater jeden Morgen mit dem Pausenbrot in die Schultasche geschoben hatte. Der Zugbegleiter näherte sich erneut und zeigte auf die Schlösser an unserer Abteiltür.

You don't lock the door, you have no money in the morning. Understand?

Ich nickte, und er ließ die Tür krachend ins Schloss fallen. Joachim schob die Riegel hin und her, bis er sich aus Versehen gegen den Lichtschalter lehnte und die Schlafenden weckte. Als er sich wieder auf die Liege setzen wollte, trat er gegen mein Schienbein.

Tschuldigung, war Absicht, sagte er.

Ich wich seiner Hand aus, mit der er mir offensichtlich auf die Schulter klopfen wollte, und schlüpfte unter der Decke in eine Trainingshose. Meinen Pullover

24

faltete ich zu einem Kissen, das ich mir dicht unter die Nase hielt. Es roch nach den letzten Brezeln, die ich in den Ofen geschoben hatte, an meinem letzten Tag in der Bäckerei, an dem ich die Teiglinge so akribisch ausgerollt und in der Luft herum geschwungen hatte, als wollte ich einen bundesweiten Brezelschlingwettbewerb gewinnen. Bei jedem Geräusch auf dem Gang schreckte ich hoch. Zur Sicherheit hatte ich mir den Geldbeutel in die Unterhose gesteckt und den iPod in den BH geschoben, doch bei jeder Bewegung von mir verrutschte eines der beiden und schnitt in die Haut.

Gute Nacht, sagte Joachim.

Er lag auf dem Rücken und seine nackten Füße ragten unter der Decke hervor. Der Zug ratterte über die Schienen und ich glaubte, jede Unebenheit des Bodens in den Rippen zu spüren. Ich drehte mich von links nach rechts, bis mich das Zuckeln und Holpern des Zuges in einen unruhigen Schlaf wiegte.

Der Zugbegleiter trat in unser Abteil, zog den Vorhang zur Seite und die ersten Lichtstrahlen des Tages trafen auf meine verquollenen Augen. Ich fühlte nach den Wertsachen, die noch immer meine Unterwäsche ausbeulten und fragte mich, warum es so früh am Morgen nach Salami, Lakritze und Bananen roch. Die Mutter verließ mit ihrem Kind und einem offenen Rucksack in Elefantenform das Abteil. Der Vater trottete hinter ihnen her. Ich nickte ihnen zu, doch sie reagierten nicht. Nur der Rüssel schien mir zu winken. Joachim schlief noch, sein Mund stand offen und wurde von einem

Speichelfleck auf dem Laken umrahmt. Auf dem Bahnsteig presste sich ein Paar eng aneinander, eine Choreographie, die auf jedem Bahnhof der Welt gleich auszusehen schien. Anzugträger drängten mit rollenden Koffern und schnellen Schritten vorbei. Der Zugbegleiter räusperte sich, und ich drehte den Kopf wieder zurück in seine Richtung. Ich warf die Bettwäsche auf einen Haufen im Gang und der Zugbegleiter klappte die Liegen nach oben. Als ich meinen Waschbeutel aus der Tasche zog, fuhr der Zug mit einem schwerfälligen Ruck wieder an. Meine Zahnbürste und eine Cremedose landeten auf dem Boden. Als ich mich danach bücken wollte, verschwamm alles vor meinen Augen. Jemand schob das Fenster im Gang ein Stück nach oben. Kalte Luft strömte herein und Joachim sammelte meine Sachen auf. Er zog die Wasserflasche aus meiner Tasche und ich stand auf, bevor er das Döschen mit den Tampons entdecken oder mir die Packung mit den genoppten Kondomen unter die Nase halten konnte. Ich lehnte mich seitlich gegen die Zugwand und ließ die akkurat angeordneten Felder und Wiesen vorbeiziehen, die der verhangene Himmel mit seinem Gewicht noch weiter nach unten zu drücken schien.

Willkommen in der ungarischen Tiefebene, sagte Joachim nach einer langen Pause.

Ich antwortete nicht.

Wir befinden uns kurz vor Hegyeshalom.

Ich drehte den Kopf in die andere Richtung, um die Blasen an seinen Handinnenflächen nicht sehen zu müssen.

Ein kleiner Ort, fuhr Joachim ungerührt fort. Meine Eltern und ich sind hier '89 über die Grenze gefahren, kurz nachdem der ungarische Außenminister allen DDR-Bürgern die freie Ausreise in den Westen versprochen hatte. Ich saß schlafend auf der Rückbank und habe davon nichts mitbekommen, aber meine Mutter hat sich die ganze Zeit bei heruntergekurbelter Seitenscheibe aus dem Auto gebeugt und fotografiert.

Warst du seitdem nie wieder in Ungarn?

Das hole ich jetzt nach, sagte er. Eine deutsche Zeitung hat mich beauftragt, Reportagen über die Veränderungen im Land zu schreiben. Für eine Weile werde ich ihr Mann vor Ort sein. Und du? Machst du Urlaub?

Ich sah aus dem Fenster und trank einen Schluck.

Hast du schon eine Unterkunft?

Joachim hatte eine Hand auf meinen Arm gelegt und zog sie erst zurück, als ich ihn drohend ansah. Der Zugbegleiter blieb mit einem Tablett neben uns im Gang stehen, er verteilte in Plastikfolie eingeschweißte Croissants mit Schokoladenfüllung und Orangennektar in Tetrapaks. Joachim winkte ab und sagte diesen Satz, den ich schon als Kind nie verstanden hatte:

Das ist doch nur etwas für den hohlen Zahn.

Früher hatte ich mit der Zunge meine Zähne abgetastet und nach Zwischenräumen gesucht, in denen ich das Essen versenken konnte. Nie hatte ich genug Platz gefunden und die Brocken schließlich mit hochrotem Kopf heruntergeschluckt. Ich kaute auf dem Croissant herum, das diesen Namen nicht verdient hatte und studierte die Zutaten. Reisende aus den anderen Abteilen drängten sich mit ihrem Gepäck vorbei und ich nutzte die Gelegenheit, um meine Sachen zusammenzupacken und mir ein leeres Abteil zu suchen. Ich schloss die Tür von innen ab, bevor Joachim auf falsche Gedanken kommen konnte und zog die Kapuze meines Pullovers so weit wie möglich ins Gesicht.

Nach meinem Tag bei den ungarischen Nachbarn fuhren meine Eltern jeden Morgen mit mir in einen der Nachbarorte und wir liefen über die Wiesen und Felder, bis die Sonne zu hoch stand und wir uns im See abkühlten. Ich überlegte, wie viele Meter ich schwimmen müsste, um am anderen Ufer bei den Nachbarn zu landen. Wenn wir nicht Hähnchen oder Gulasch aßen, gab es geräucherte Forelle, und ich gruselte mich vor den Augen, die mich vorwurfsvoll anstarrten. Am Abend stapelten wir unsere Brettspiele auf dem Couchtisch. Meine Mutter hatte *Siedler, Jenga* und *Carcassonne* dabei, mein Vater schwörte auf *Trivial Pursuit, Risiko* und *Scrabble* und ich auf *Scotland Yard, Bohnanza* und *Das verrückte Labyrinth.* Wir würfelten, und der Gewinner durfte entscheiden, mit welchem Spiel wir begannen. In München eilte uns unser Ruf als Brettspiel-Familie längst voraus, und wenn uns Freunde meiner Eltern besuchten, brachten sie dicke Fotoalben von ihrer letzten Reise mit und fanden bei ihren Erzählungen kein Ende mehr. Sobald mein Vater aufstand, um ihnen das neueste *Spiel des Jahres* zu präsentieren, bekamen die Gäste Migräne oder Sodbrennen und verabschiedeten sich nur wenige Minuten später. Doch im Urlaub konnte uns niemand stören. Wir saßen stundenlang am Tisch, und wenn ich mich schlafen legte, konnte ich hören, wie meine Eltern ihre bunten Armeen über das Spielbrett schoben, wie ein Turm aus Holzklötzen in sich zusammenfiel oder wie sie ihre Buchstabensteine auf den Ablagebänken anordneten. Ich schloss die Augen und dachte an Kinga und Èva und Csaba.

Nach einem besonders heißen Tag hatte mein Vater mit leichtem Fieber im Bett gelegen. Meine Mutter verbrachte den Tag am Telefon, und ich hörte mit offenem Mund zu, wie sie endlos lange Zahlen und merkwürdige Fachbegriffe aufsagte. Ich kam näher und näher, bis sie eine Hand über den Hörer legte und mich in eine andere Ecke schickte. Ein Architekturbüro in München hätte sie für ein größeres Projekt gebucht, erklärte sie später, sie sei die Schwangerschaftsvertretung. Wir aßen Vollkornnudeln mit Tomatensoße, und in einem unbeobachteten Moment versenkte ich Schlaftabletten in ihrem Maracujasaft, die ich vor dem Essen mit der Muskatreibe zu einem feinen Pulver gemahlen hatte, bis meine Fingerkuppen wund waren. Meine Mutter räumte den Tisch ab und beseitigte mit dem Handstaubsauger die Krümel. Ich zweifelte kurz an der Wirksamkeit der Tabletten, doch als alles blitzblank war, setzte sie sich auf das Sofa und legte die Füße hoch. Wenige Minuten später war sie eingeschlafen, und ich klopfte bei den Nachbarn. Csaba öffnete die Tür und legte seine Hand auf meine Schulter.

Deine Eltern haben uns den Kontakt zu dir verboten, sagte er, wir hätten unsere Aufsichtspflicht verletzt und vielleicht haben sie da sogar Recht.

Èva schlang ihre Arme um mich, und ich versenkte mein Gesicht in ihren Haaren.

Kann doch niemand ahnen, dass du so wenig verträgst, flüsterte Kinga und boxte mir scherzhaft in den Bauch.

Ich musste von meinen Eltern erzählen, und je mehr Verbote ich aufzählte, desto weicher wurden die Gesichtszüge von Csaba.

Also gut, sagte er, dich trifft keine Schuld.

Kinga hielt mich die ganze Zeit am Arm fest, als würde ich so nicht wieder verschwinden.

Bleiben wir in Kontakt, fragte sie.

Wir setzten uns unter den Kirschbaum im Garten. Sie hatte Èvas Lippenstift aufgetragen, und ihr Mund sah noch voller aus als beim letzten Mal.

Fühl mal, flüsterte sie und zeigte auf ihre Brüste.

Ich schob vorsichtig eine Hand unter ihr T-Shirt.

Das ist ein Wonderbra.

Für Bence? Triffst du ihn später?

Sie nickte.

Gestern hat er mir seinen besten Freund vorgestellt, es ist der Sohn des Diskothekenbesitzers. Du hättest seine Brustmuskeln sehen sollen.

Meinst du seinen Pectoralis major oder minor?

Wie auch immer. Er war so gut gebaut, den würde ich dir gerne vorstellen. Und er ist mindestens 18, da wette ich mit dir.

Sie drehte sich um und schob ihren Jeansrock ein Stück nach oben. Es war nur ein dünner Streifen Spitzenstoff zu sehen, der von ihren Pobacken verschluckt wurde.

Der ist auch neu, den habe ich zusammen mit dem BH heimlich in einem kleinen Laden von meinem Taschengeld gekauft. Ein Dreierpack, spottbillig. Was sagst du dazu?

Èva rief Kingas Namen. Sie stand auf der Terrasse und zeigte auf ihre Armbanduhr. Abschiedszeit. Ich drückte die nackten Zehen in die Wiese, Kinga stellte ihre Füße als Gegengewicht auf meine, sie packte meine Hände und zog mich nach oben. Dann holte sie ihr Notizbuch aus der Tasche, und ich schrieb ihr Simons Adresse auf. Simon war der einzige Freund in München, bei dem ich sicher war, dass er dicht halten würde, um jeden Preis. Csaba kam mit einem Umschlag voller Polaroids auf uns zu.

Damit du uns nicht vergisst, sagte er, aber versteck sie gut vor deinen Eltern, sicher ist sicher.

Ein offenes Fenster im ersten Stock knallte zu. Wir hoben im gleichen Moment die Köpfe, und dann lachten wir.

Wenn es weiter nichts ist, sagte Èva.

Ich rannte so schnell ich konnte zurück in unser Ferienhaus und betrat leise den Flur. Alles war still. Meine Mutter lag noch auf dem Sofa, ihr Arm baumelte in der Luft, und es sah aus, als würde sie jeden Moment auf den Boden rutschen. Ich zog mich in mein Zimmer zurück und fand einen von Kingas Tangas in meiner Rocktasche, sie hatte einen zusammengerollten Zettel daran befestigt.

Jemand klopfte gegen meine Abteiltür, und ich setzte mich ruckartig auf.

Willst du nicht aussteigen, sagte Joachim, wir sind kurz vor Budapest.

Ich zog den Koffer betont langsam aus dem Gepäckfach, strich mir die Haare glatt und sah aus dem Fenster. Erst als der Zug sein Tempo verlangsamte und in den Kopfbahnhof einfuhr, schloss ich die Tür auf. Als ich meinen Koffer auf den Bahnsteig hob, kam Joachim strahlend angelaufen. Ich tauchte unter seinen ausgebreiteten Armen hindurch, um der Abschiedsumarmung zu entgehen und lief mit schnellen Schritten in die Eingangshalle. Ich drehte mich noch einmal nach ihm um und sah, wie er in einem Coffeeshop verschwand. Ein Geldwechsler warb lautstark mit den besten Kursen der Stadt und eine Taube flog verzweifelt zwischen den Verkaufsständen hin und her. Ich setzte mich auf eine der gelben Bänke, von der ich die Schwingtüren am Eingang gut im Blick hatte und stellte den Koffer neben mich. Vor der Anzeigetafel standen Reisende und Angehörige, die mit nach hinten geneigten Köpfen die aktualisierten Ankunfts- und Abfahrtszeiten der Züge verfolgten. Wir waren mit einer Verspätung von 120 Minuten angekommen, und Èva und Csaba waren nirgendwo zu sehen. Hatten sie die Wartezeit woanders verbracht oder waren sie wieder nach Hause gefahren? Eine alte Frau hatte sich einen Korb vor den Bauch ge-

32

bunden und verkaufte Mohnstrudel, der in kleine Rechtecke geschnitten war. Schwitzend blieb sie neben mir stehen, zeigte auf das Gebäck und fing an zu reden. Ich verstand kein Wort. Und hatte noch kein ungarisches Geld. Als ein Windstoß durch die offenen Türen fuhr, staubte der Puderzucker auf ihrem Gebäck auf und wehte mir ins Gesicht. Die Frau zog weiter, und ich wischte mir mit einem Taschentuch den zuckrigen Schweiß aus dem Gesicht. Durch die Lautsprecher dröhnte scheppernd eine Durchsage. Als Èva und Csaba schließlich außer Atem vor mir stehen blieben, hätte ich sie auch ohne das Foto wiedererkannt. Èva hatte ihre dicken Haare wie damals am Balaton mit einem pinken Band zu einem Knoten gebunden und umarmte mich zur Begrüßung so fest, dass mir kurz die Luft wegblieb. Ihre Haut glänzte, nur die dunklen Schatten unter den Augen ließen schlaflose Nächte erahnen. Ich strich ihr über den Arm und suchte nach passenden Worten, nach etwas Anteilnahme, die nicht zu abgedroschen klang. Csaba sah mir durch seine dicken Brillengläser in die Augen.

Wie gut, wie gut, sagte er und nahm mir meinen Rucksack ab. Er winkte Èva und mich hinter sich her.

Kommst du mir nach, Anna, kommst du.

Wir verschwanden über eine endlos lange Rolltreppe im U-Bahnschacht.

Du musst haben Geduld mit uns. Unser Deutsch ist langsam geworden. Wir haben keine Übung, sagte Èva und fasste mich dabei am Arm, als wäre sie nicht sicher, ob ich ihr sonst davonliefe.

Während wir uns von der Menschenmenge in die U-Bahn schieben ließen und dicht gedrängt zwischen den Sitzen stehen blieben, debattierten Èva und Csaba auf Ungarisch.

Es geht nur um das Essen, sagte Èva.

Als wir aus dem Untergrund zurück ins Tageslicht fuhren, eilte Csaba uns voraus.

Die Donau teilt die Stadt in zwei Teile, in Buda und in Pest. Erst Ende des 19. Jahrhunderts wurde daraus eine Stadt, weil die Ungarn im Wettstreit mit Wien punkten wollten. Aber das weißt du bestimmt alles?

Ein Krankenwagen fuhr mit heulender Sirene an uns vorbei, und die Autos spritzten uns abgestandenes Regenwasser vor die Füße.

In Geschichte hatte ich immer eine 4, Csaba.

Ich auch, ich auch.

Wir wohnen im schöneren Teil, in Buda, sagte Èva, ins Deutsche übersetzt heißt das Ofen.

Wir liefen eine breite Straße entlang, und Èva kaufte in einer Bäckerei einen Laib Weißbrot, ich inhalierte den vertrauten Geruch, der durch die offene Ladentür zu mir herauswehte. Ihre Wohnung lag in einem Altbau auf einer Straße am Hang. Es war das kleinste Haus der Straße und stach mit der schwarzen Sandsteinfassade von der gepflegten Umgebung wie ein dunkler, hässlicher Fleck hervor. Sie wohnten im zweiten Stock. Csaba lief am Schlaf- und am Gästezimmer vorbei und wartete am Ende des schmalen Flurs im Esszimmer, das nur durch ein Bücherregal vom Wohnzimmer getrennt

34

war. Èva lief von Zimmer zu Zimmer und drückte alle Lichtschalter, Csaba entkorkte eine Flasche Wein, und ich trug meinen Koffer ins Gästezimmer. Auf dem Bett lagen drei Handtücher in unterschiedlichen Farben und Größen, dazu ein Marienkäfer aus Schokolade. Die Tapete war verblichen, an den Wänden hingen Aquarellzeichnungen. Ich zog ein paar Fotos aus meinem Kalender und stellte sie auf das Tischchen neben meinem Bett, so würde ich jeden Morgen beim Aufwachen sehen, wie Kinga ein Stück Mohnstrudel Richtung Kamera hielt, wie sie ihre Zähne zeigte und wie sie in einem kurzen Kleid posierte. Csaba hatte ihr kurz nach dem Balatonurlaub seine Polaroidkamera geschenkt, und bis zuletzt hatte sie nur damit fotografiert, obwohl sie sonst jeder digitalen Neuerung den Vorzug gab.

Csaba rief aus der Küche wie ein Opernsänger in unterschiedlichen Tonhöhen meinen Namen. Ich lief zu ihnen und sah, wie Csaba Èva von hinten umarmte, während sie mit einem Löffel Nockerl formte und in die Gulaschsuppe plumpsen ließ. Als ich ihr den Kochlöffel abnahm und die Suppe umrührte, kitzelte mich Csaba unter den Armen und die Gulaschsuppe spritzte auf die Kacheln hinter dem Herd. Èva verscheuchte uns mit gespieltem Entsetzen. Ich fragte mich, warum ihnen das Lachen nicht im Hals steckenblieb, warum sie ihren Alltag ohne Kinga fortführen konnten, ohne dass ihnen die Traurigkeit auf die Stirn geschrieben war. Im Wohnzimmer legte Csaba mir einen Arm auf die Schulter.

Anna, sagte er, es kommt, wie es kommt. Wir haben keinen Einfluss.

Er zog ein schweres Fotoalbum hervor, das oben längst von einer Staubschicht bedeckt war.

Ich will aber Einfluss haben, sagte ich, ich will, dass sie aufwacht.

Ich ließ mich auf das Sofa fallen, und Csaba zeigte mir seine Fotos von unserem Balatonurlaub, es waren merkwürdige Bilder, manchmal hatte er einfach nur den blauen Himmel fotografiert oder seine Füße im Garten. Es gab Aufnahmen von den Kuchen, die Èva gebacken hatte und von gefüllten Gläsern auf dem Terrassentisch, von seiner Badehose auf der Wäscheleine und von der Schatulle mit Èvas Schmuck. Und dazwischen füllte ich mit meinen dünnen Zöpfen mehrere Seiten im Album. Er strich mit der Hand über die Fotos, als hätte sich auch auf ihnen Staub angesammelt, und verglich die 14-jährige Anna mit der, die neben ihm saß.

Die gleiche Adlernase, sagte er und breitete die Arme aus, als würde er davonfliegen.

Unser Lachen verstummte, als er auf eine Seite mit mehreren Portraits von Kinga umblätterte. Wir schwiegen und Csaba klappte mit einem Schlag das Album zu. Èva kam zu uns ins Wohnzimmer und riss uns aus den Gedanken. Sie drückte Csaba Topflappen in die Hand, damit er sich um die Suppe kümmerte. Aus dem gläsernen Schrank holte sie Porzellanteller mit goldenem Rand.

Das sind die Teller für die großen Feste, sagte sie, und für unsere Wiedervereinigung. Das sagt man doch so, oder?

Ich nickte. Csaba trug schnaufend den Suppentopf zum Tisch.

Hast du gekocht für die ganze Stadt, fragte er.

Èva lachte nur und verteilte das dampfende Essen. Csaba tunkte die Weißbrotstücke in seine Suppe, bis sie trieften und er sie mit einer schnellen Bewegung Richtung Mund befördern musste. Èva bewegte ihren Löffel langsam, und ich fürchtete, sie könnte unterwegs ihre Meinung ändern und ihr eigenes Essen verschmähen. In meiner Nase juckte es bei jedem Bissen. Csaba fragte nach meinem Alltag in München, nach meiner Arbeit und nach meinen Eltern. Ich wusste nicht, wo ich anfangen sollte zu erzählen, und verhedderte mich in einem Gestrüpp aus Halbsätzen. Während ich mit gleichförmigen Bewegungen die Suppe löffelte, zogen sich die Pausen zwischen unseren Sätzen in die Länge, als würde ich wie früher die Zahnpflegekaugummis aus dem Mund nehmen und so lange auseinanderziehen, bis sie rissen und ich mir die klebrigen Fäden von den Händen pulen musste. Csaba stand auf, um die Teller in die Küche zu bringen und wehrte unsere Hilfe kopfschüttelnd ab. Èva zeichnete mit den Fingern das Muster der Plastiktischdecke nach.

Als ich dir geschrieben habe, setzte sie an.

In der Küche fiel klirrend etwas zu Boden, wir hörten Csabas Flüche und Èva schloss beide Hände zur Faust. Im Hintergrund lief leise der Fernseher.

Sterilium

Ich griff nach Èvas Wecker und drückte alle Knöpfe, bis ich begriff, dass das seltsame Geräusch nicht aus dem Zimmer kam. Ich starrte auf die Digitalanzeige, als müsste ich die Zahlen erst addieren, bevor sie mir die richtige Zeit anzeigten. 11 Uhr 23. Ich hatte mich am Spätnachmittag in das Gästezimmer zurückgezogen und konnte mich nicht mehr daran erinnern, wie ich in den Schlafanzug geschlüpft war oder die Jalousien nach unten gelassen hatte. Mein Buch lag ein paar Meter entfernt aufgeschlagen auf dem Boden. Ich rieb mir die Augen, und mein Blick fiel auf die geblümten Vorhänge am Fenster, den braunen Ohrensessel neben der Stehlampe und das Regal an der Wand. Èva hatte Bücher auf den Brettern gestapelt: Kochbücher, Lexika, Bildbände und vergilbte kleine Heftchen mit den Klassikern der ungarischen Literatur. Ich hatte von Kinga geträumt, wir waren zusammen durch Budapest gelaufen, Hand in Hand, sie hatte mir jede Straßenecke gezeigt, die ihr wichtig war, und als ich nach einer Weile bemerkte, dass wir im Kreis liefen und sie mich wieder und wieder an die gleichen Orte führte, weigerte ich mich weiterzugehen. Dummes Ding, sagte sie und lachte schrill. Es dauerte einen Moment, bis ich verstand, dass sie nicht aufgewacht war. Ich konnte mir Fotos von ihr ansehen oder sie in der Klinik besuchen, sonst nichts. Ich war zu spät gekommen, viel zu spät, egal wie ich es drehte und wendete, ich hätte Kinga viel früher besuchen müssen. Ich öffnete das Fenster und brauner Lack bröckelte auf den Dielenboden. Auf der Straße schlug erneut eines der geparkten Autos Alarm, ein durchdringendes Geräusch, das an die Sirenen von Spielzeugautos erinnerte. Die Passanten liefen ungerührt an den parkenden Autos vorbei, als hätten sie ihre Trommelfelle verschlossen, aber wer konnte das schon. Im Bad ließ ich kaltes Wasser in meine aufgehaltenen Hände laufen und kippte es mir mit einem Schwung ins Gesicht. Ich war noch nie ins Ungewisse gefahren, hatte seit Jahren keinen Urlaub gemacht und in diesem Moment dachte ich, ich wäre besser zu Hause geblieben. Ich wusste nicht, was der Tag brachte, konnte nicht einschätzen, ob ich mich in dieser Stadt wohlfühlen würde und rätselte, wie ich diese Sprache mit den Endloswörtern jemals lernen sollte. Am liebsten hätte ich wie bei einer Kassette den Anfang vorgespult, um zwei bis drei Wochen später zu beginnen, wenn das Schlimmste überstanden war und ich mich an die neue Umgebung gewöhnt hatte. Ich leerte den Kofferinhalt auf den Teppichboden, doch meine Zahnpasta war unauffindbar. Im Spiegelschrank fand ich schließlich zwischen Shampoo- und Cremeproben aus Frauenzeitschriften, einzelnen Wattestäbchen und einem Rest Rasierwasser eine Tube Zahngel mit Erdbeergeschmack. Ich drückte den letzten Rest heraus und benetzte die Zahnbürste unter

dem Wasserstrahl, dann bearbeitete ich meine Zahn-
flächen mit fegenden Bewegungen, so wie mein Vater
es mir als Kind aufgezeichnet hatte. Rote Pfeile erklärten den Ablauf: von den oberen zu den unteren Außen-
flächen, von den Innenflächen zu den Kauflächen. Der
süßliche Geschmack auf der Zunge erinnerte mich an
Kinga. An ihren Lipgloss, den sie behutsam mit dem
Zeigefinger auf meiner Ober- und Unterlippe verstrichen hatte. In jener seltsamen Nacht kurz vor Urlaubs-
ende.

Wir treffen uns um Mitternacht an der Promenade, hatte
auf Kingas Zettel gestanden, den sie mir mit dem Tanga
in die Rocktasche geschoben hatte. Ich ging barfuß, so
lautlos wie möglich, und selbst als ich die Ferienwohnung mit meinen schlafenden Eltern schon lange hinter mir gelassen hatte, behielt ich die Sandalen in den
Händen. Die letzten Meter rannte ich so schnell ich
konnte. Kinga wartete auf einer Bank auf mich, sie hatte
eine ausgebeulte Tasche neben sich stehen und reckte
die Faust in die Luft, als sie mich näher kommen sah.

Ein kleiner Schritt für die Menschheit, aber ein gro-
ßer Schritt für uns, sagte sie und drückte mich fest an
sich.

Sie roch nach Blumen und Mandeln und nach etwas
Mysteriösem, das ich nicht gleich einordnen konnte. Ich
schnupperte an ihrem Hals und sie schob mich kichernd zurück.

Das kitzelt.

Was ist das für ein Duft?

Sie blinzelte mir verschwörerisch zu.

Hypnotic Poison.

Vom Rest des Abends hatte Kinga schon eine genaue Vorstellung. Sie reichte mir einen Streifen Stoff, den ich so lange von links nach rechts wendete, bis auch ich verstand, dass es kein Nierenwärmer, sondern ein Rock war, ein unfassbar kurzer Rock.

Bence holt uns gleich ab und dann gehen wir in die Disco, wir müssen unbedingt wie 18 aussehen, aber keine Sorge, ich weiß, wie das geht.

Ich schlüpfte aus der Jeans und Kinga schirmte mich mit ihrer Strickjacke vor fremden Blicken ab.

Wir gehen im Partnerlook, sagte sie und warf mir ein weißes Tanktop zu, auf dem ein Blitz aus Pailletten prangte. Aus ihrer Tasche zog sie nach und nach die Requisiten für die Nacht: Polster für meinen BH, Lidschatten und Eyeliner, Lipgloss, Glitzerpuder und High Heels. Wenige Minuten später hatte ich Smokey Eyes und einen rosafarbenen Mund, toupierte Haare und ein glitzerndes Dekolleté. Kinga verwandelte einen schmalen Weg in einen imaginären Laufsteg und ließ mich so lange hin und her laufen, bis der Hüftschwung saß und meine Knöchel nicht mehr bei jedem zweiten Schritt einknickten.

Du bist ein Naturtalent, sagte sie und zog mich an der Hand Richtung Disco. Bence wartete unter einer Tafel mit Leuchtschrift, über seinem Kopf wanderten Buchstaben von links nach rechts, die schließlich den Namen *Candy Bar* ergaben. Er trug ein rotes Hemd und hatte die oberen Knöpfe offen gelassen, ich starrte auf die sichelförmige Narbe auf seiner Brust, die mir beim Bootfahren entgangen war und die er an diesem Abend wie ein Statussymbol präsentierte.

Ein richtiger Mann, flüsterte Kinga mir ins Ohr und drückte mich fest an sich. Ich zupfte an meinem Rock, der bei jeder Bewegung hochrutschte und wusste nicht, wohin mit meinen Armen. Ich verschränkte sie vor der Brust, versteckte sie hinter dem Rücken, ließ sie hin und her baumeln. Mit einer Fußspitze strich ich über den Löwenzahn, der sich hartnäckig zwischen den Ritzen der Pflastersteine hindurchkämpfte.

Entspann dich, sagte Kinga.

In der Disco warfen Scheinwerfer bunte Kegel auf den Boden. Wenn ein Mädchen durch die Eingangstür kam, pfiffen die Männer am Tresen. Ich drehte mich zu Kinga um, doch sie und Bence waren verschwunden. Der künstliche Nebel stieg mir in die Nase, es kratzte im Hals. Immer wieder glaubte ich, Kingas schweres Parfüm in der Nähe zu riechen, aber sie war nirgendwo zu sehen. Eine Frau in einem kurzen Kleid streckte die Arme in die Luft, ihre Zähne blitzten im Schwarzlicht. Ich ahmte ihre Bewegungen nach, bis ich ausrutschte und auf den Boden fiel. Zwischen leeren Plastikbechern und Zigarettenstummeln blieb ich einfach sitzen, die stickige Luft lähmte mich. Jemand zog mich nach oben und verschwand gleich wieder in der Menge. Ein bärtiger Mann mit nacktem Oberkörper blies mir Rauch in den Ausschnitt und presste sich von hinten an mich, bevor er einfach verschwand, ich stolperte zur Bar und entwendete einem Mädchen die Cola. Ich kühlte mein

Gesicht mit der Flasche, als wieder jemand seine Arme von hinten um meinen Körper schlang. Es war Kinga.

Ich zeig dir ein Spiel, sagte sie, es heißt *Drei gewinnt.*

Sie tat so, als wäre sie nur wenige Minuten fort gewesen. Bence holte uns Cocktails, die vor allem süß schmeckten, und während ich so langsam wie möglich trank, zeigte Kinga auf die Paare, die eng umschlungen auf der Tanzfläche, auf dem Gang zu den Toiletten und in den Ecken des Raumes standen.

Wenn ein Mädchen ihren Freund verlässt, um einen neuen Drink zu holen oder Pipi zu machen, bist du an der Reihe, sagte Kinga. Du küsst den Typen und für jeden, der dich zurückküsst, bekommst du einen Punkt.

Ich wehrte mich, natürlich wehrte ich mich. Aber Kinga war Kinga, sie war es gewohnt, ihren Willen durchzusetzen.

Ein paar Meter weiter löste sich ein Paar voneinander und Kinga gab mir einen Tritt. Er sah mich irritiert an, als ich wortlos vor ihm stehenblieb, und ich starrte auf die Karos auf seinem Hemd. Der DJ legte ein neues Lied auf, einen Sommerhit. Die Tanzfläche füllte sich schlagartig, und ich stellte mich auf die Zehenspitzen, um den Fremden zu küssen, der vor Überraschung seine Lippen öffnete. Ich fuhr mit der Zunge über seine kalten Zähne, und als ich Kinga in meinem Rücken grölen hörte, rannte ich zu ihr zurück. Sie umarmte mich und erklärte mich zur besten Freundin auf dem ganzen Planeten.

Ich verschluckte mich am Erdbeerschaum, der längst meinen ganzen Mundraum ausfüllte, spuckte ins

43

Waschbecken und spülte mit Wasser nach. Die weiteren Cocktails, die Kinga mir in dieser Nacht spendiert hatte, hatte ich heimlich in die Toilette gekippt. Den Rest des Abends trank ich Wasser aus dem Hahn und wischte mir den Schweiß aus der Stirn. Die Bässe wummerten und der Boden wurde immer klebriger, ich setzte die Füße vorsichtig voreinander, um nicht erneut auszurutschen. Kinga küsste ihren Bence und ich lauter Fremde. Einen Jungen mit Mundgeruch, der mir auf die Zunge biss, einen Bodybuilder, der mir einen Klaps auf den Hintern gab und einen Lockenschopf, der mein Gesicht wie im Film in beide Hände nahm.

Neun Punkte, sagte ich schließlich zu Kinga, was bekomme ich dafür?

Nichts, antwortete sie.

Èva und Csaba hatten den Kaffee in einer Thermoskanne auf den Tisch gestellt und den Brötchenkorb mit einem Geschirrtuch abgedeckt. Auf meinem Teller lagen der Wohnungsschlüssel, ein paar Forint-Scheine, ein aufgeschlagener Stadtplan und ein Zettel:

Wir wollten dich zu Ende schlafen lassen. Wir sind in der Arbeit, aber der Kühlschrank ist voll. Iss alles auf, was du findest. Sehen wir uns heute Abend und essen Paprikahühnchen? Èva

Ich halbierte ein Sesambrötchen, schmierte eine zentimeterdicke Schicht Aprikosenmarmelade darauf und aß im Stehen. Èva hatte im Stadtplan das Krankenhaus markiert, in dem Kinga lag. Über die Einzelheiten hatten Èva und Csaba bisher geschwiegen, ich wusste nur, dass die Chancen auf ein Aufwachen bei 50 Prozent lagen, aber nicht, wohin sie am Tag des Unfalls unterwegs gewesen war. Jedes Mal, wenn ich davon sprach, wechselten sie das Thema. Ich las den Namen des Krankenhauses, das Èva mit Bleistift eingekreist hatte, und schlug den Stadtplan zu. Sie hätten mich vorwarnen können, dachte ich, sie hätten mich vorwarnen müssen. Ich hatte nicht damit gerechnet, dass Kinga ausgerechnet in dem Krankenhaus lag, für das meine Mutter nach unserer Balaton-Reise einen Neubau entworfen hatte. Als ich mir Kaffee einschenken wollte, verfehlte ich die Tasse. Ich holte einen Lappen und bearbeitete den Fleck so lange, bis die dunklen Spuren im Teppich verblassten. Den Rest des Kaffees kippte ich in den Ausguss, ich starrte auf die Kalkränder an der Armatur, den karierten Wischlappen am Haken und die pinke Spülbürste, als würden sie eine geheime Weisheit verbergen. Ich blieb so lange auf der Stelle stehen, dass meine Füße einschliefen und ich ins Wohnzimmer humpeln musste. An Csabas Sessel hielt ich mich fest. Auf dem Balkon des Nachbarhauses standen ein Mädchen und ein Junge, die beiden hatten sich Spaghetti über die Ohren gehängt, und als sie meinen Blick bemerkten schnitten sie Grimassen. Ich winkte ihnen zu, und sie rannten zurück in die Wohnung, drückten die Nasen ans Fenster, bis ihre Mutter dazukam und sie verscheuchte. Ich öffnete das Wohnzimmerfenster und sog die laue Spätsommerluft ein, ich versuchte, nicht an Kinga zu denken. Einen Stock weiter unten sonnte sich eine ältere Frau in einem Liegestuhl, sie hatte sich Gurkenscheiben auf die Augen gelegt und Kopfhörer aufgesetzt. Ich durchforstete die Wohnzimmerregale nach vertrauten Wörtern und entdeckte hinter den Büchern lauter gerahmte Polaroids von Kinga: Wie sie mit ihrer Schultüte zwischen Èva und Csaba stand, wie sie mit weit aufgerissenem Mund eine Zahnlücke präsentierte und wie sie in viel zu großen High Heels durch das Zimmer stolzierte. Man konnte ihr förmlich beim Erwachsenwerden zusehen: Sie trug ihre Haare von Jahr zu Jahr kürzer und ihre Züge hatten etwas Verletzliches bekommen, der durchdringende Blick erschreckte mich. Unter anderen Umständen würde Kinga Tag für Tag zwischen 10 000 und 20 000 Liter Luft ein- und ausatmen, sie würde morgens zu ihrem Schreibtisch im Goethe-Institut fahren und das Kulturprogramm zusammenstellen, stundenlang am Telefon hängen und mehr als hundert E-Mails beantworten. Sie würde bis zum Feierabend zu viel Espresso und zu wenig Wasser trinken und meistens zu lange arbeiten. Erst wenn ihre Chefin das Büro verließ, würde sie mit der Straßenbahn nach Hause fahren, ihre Schuhe im Flur in eine Ecke werfen und sich von ihrem Freund bekochen lassen. Hin und wieder würde sie am Wochenende zu Èva und Csaba fahren, im Gästezimmer schlafen und in den alten, familiären Rhythmus fallen, als hätte sie nie etwas anderes gekannt.

Ich stellte mir vor, wie Kinga neben mir saß und mir das Neueste aus Budapest erzählte, wie sie ihre Anekdoten nur unterbrach, um laut zu lachen. Nach meiner Flucht aus der Candy Bar hatte ich lange am Wegrand auf sie gewartet. Ich hoffte, dass sie sich an meine Klamotten erinnerte, die sie in ihrer ausgebeulten Tasche spazieren trug. Als sie endlich vor mir stand, war ihre Stimme leiser als sonst.

Mann, Mann, Mann, sagte sie.

Ist das eine Entschuldigung?

Ja.

Wir umarmten uns, und Kinga hob mich ein Stück in die Luft, die verschwitzten Tops klebten unsere Körper fest aneinander. Ich zappelte mit den Füßen, und sie löste ihren festen Griff, drückte mir meine Sachen in die Hände und strich mir den Pony aus dem Gesicht. Dann drehten wir uns gleichzeitig um und liefen in unterschiedliche Richtungen davon, so schnell, dass unsere Füße kaum den Boden berührten. Auf halber Strecke blieb ich stehen. Die Sonne kletterte langsam am Horizont nach oben und eine Frühaufsteherin kam mir mit einem Weißbrot in der Hand entgegen.

Jó reggelt, sagte sie, guten Morgen.

Mein Vater saß auf der Treppe vor der Wohnung. Er hielt eine Flasche Mineralwasser in der Hand und pulte das Etikett ab, während meine Mutter sich durch das offene Küchenfenster mit ihm unterhielt. Als er mich entdeckte, ging er wortlos zum Auto und öffnete den Kofferraum.

Hol dein Gepäck, sagte er, wir fahren.

Ich rannte ins Bad und kippte mir kaltes Wasser ins Gesicht, dann warf ich wie ferngesteuert meine Kleidung auf einen Haufen, den ich mit beiden Armen umfassen und auf einen Schlag in den Koffer heben konnte. Wortlos ließ ich mich im Auto auf meinen Sitz fallen, steckte ein Kissen zwischen Kopf und Scheibe und verschlief fast die ganze Fahrt. Selbst wenn ich wach war, behielt ich die Augen geschlossen. Ein paar Mal versuchte meine Mutter mit Hilfe von Fangfragen, etwas über die Nacht herauszufinden, aber ich schwieg und schwieg und schwieg. Wenn ich kein Wort über den nächtlichen Streifzug verlor, würde es ihn irgendwann auch nicht mehr gegeben haben, hoffte ich. Meine Mutter gängelte meinen Vater am Steuer, er solle zügiger fahren, dabei umklammerte sie den Haltegriff über dem Beifahrerfenster. Erst als wir die ungarische Grenze passiert hatten, durfte mein Vater an einer Tankstelle halten und sich einen Kaffee im Pappbecher kaufen. Den Urlaub am Balaton erwähnten wir nach unserer Rückkehr nicht mehr, es gab keine gemeinsamen Fotos, die wir in ein Album kleben konnten, keine Ansichtskarten, die wir an Freunde verschickt hatten und zumindest im Fall meiner Eltern keine Urlaubsbekanntschaften, von denen sie gerne erzählt hätten. Von der heimlichen Brieffreundschaft, die sich nach und nach zwischen Kinga und mir entspann, erzählte ich ihnen nichts, natürlich nicht. Ich brachte meine Briefe auf dem Weg zur Schule zur Post und gab als Absender nicht die Villa, sondern Simons Adresse an.

Ich hielt den Stadtplan mit dem angekreuzten Ziel fest umklammert, als ich die Wohnung von Èva und Csaba verließ. Vielleicht war Kingas Station nicht im Neubau, den meine Mutter entworfen hatte, sondern im alten Hauptgebäude, vielleicht hatten Èva und Csaba mir deswegen nichts gesagt. Ich lief durch den tröpfelnden Regen und schlüpfte durch die halboffene Tür der Bäckerei, in der Èva bei meiner Ankunft Weißbrot gekauft hatte. Vor mir hatte sich eine Schlange gebildet, und ich nutzte die Zeit, um die Auslagen genau zu studieren, die Strudel, die Taschen, die Schnecken. Als ich an der Reihe war, zeigte ich auf ein etwa münzgroßes Gebäck, das mir noch unbekannt war und die Verkäuferin packte mir eine Handvoll in eine Papiertüte. In der Bahn biss ich vorsichtig in eines der warmen Teilchen, die mit Kartoffelbrei gefüllt waren. Ich ließ den Teig langsam auf der Zunge zergehen und stellte in Gedanken das Rezept zusammen. Wir fuhren über eine der vielen Brücken, die ich nicht auseinanderhalten konnte, durch das Fenster sah ich die Margareteninsel, die ich von Kingas Fotos kannte, die Geschäfte und Banken am Ring, den Westbahnhof. Ich zählte jede Station der Bahn, um die Haltestelle nicht zu verpassen, die Èva ebenfalls für mich eingekreist hatte. Als ich mich durch die sich zischend öffnende Tür schieben wollte, drängte mir eine Traube Touristen entgegen und ich musste mir, die Arme vor der Brust gekreuzt, den Weg freibahnen. Auf der Bank in der Haltestelle saß ein Junge in meinem Alter, er hielt ein Foto in der Hand und schien mit den Gedanken weit weg zu sein, ich fragte mich, ob er überhaupt auf die nächste Bahn wartete. *You can tell by the way she walks that she's my girl*, schallte es aus seinem Smartphone, ich kannte das Lied sehr gut, summte leise mit. *You can tell by the way she talks, she rules the world.* Es war damals gerade rausgekommen. Kinga und ich hatten es oft am Strand gesungen. Dabei breiteten wir die Arme wie Flugzeugtragflächen aus, rannten über den heißen Sand, bis unsere Fußsohlen brannten, und sangen aus vollem Hals: *I'm a supergirl. And supergirls just flyyy.*

Erst als ich mich bereits der nächsten Haltestelle näherte, fiel mir auf, dass ich den Eingang der Klinik verpasst hatte, und ich kehrte schnell um. Im Hof der Klinik kam mir ein älterer Mann mit Krücke entgegen, er trug nur eine kurze Schlafanzughose und ich starrte auf den Urinbeutel an seinem Bein, auf das kleine Ablassventil über dem Knöchel und den Katheter, der wie eine Schlingpflanze an der Haut klebte. Die Flüssigkeit war dunkelgelb und schwappte bei jeder Bewegung hin und her. Ich starrte wie hypnotisiert auf die blauen Striche auf dem Plastikbeutel, die erhobene Krücke entdeckte ich zuletzt. Der Mann rief mir ein paar Worte zu und fuchtelte mit seiner Krücke, als wäre ich Schuld an seiner Inkontinenz.

I am sorry, sagte ich, I don't speak Hungarian.

Andere Patienten standen ein paar Meter weiter und rauchten, sie beobachteten uns, einige lachten. Ein Pfleger näherte sich und legte eine Hand auf die Schulter des Mannes. Die Krücke sank langsam nach unten.

Ich lief zurück Richtung Straße und versuchte bei jedem Schritt, das ungute Gefühl abzuschütteln. Nach ein paar Metern drehte ich mich noch einmal um. Der Kranke zog das Bein mit dem Urinbeutel beim Laufen hinter sich her. Mitten im Raum blieb er stehen und schwenkte seine Krücke in der Luft hin und her, als könnte er meinen Blick in seinem Rücken spüren. Seine lauten Flüche verstand ich nicht. Die schwere Holztür fiel krachend ins Schloss. Ich verließ den Klinikhof im Krebsgang und stolperte über eine Baumwurzel, die aus dem Kies ragte. Eine ältere Frau hielt mir das gusseiserne Tor auf und ich schlüpfte zurück nach draußen. Ich ballte meine Hände und nahm mir vor, noch einmal zu kommen und dann alles richtig zu machen. Erst da sah ich die Lücken, die zwischen den Steinen des Gehwegs klafften und erinnerte mich an mein altes Spiel. Ich hatte auf dem Hinweg die Ritzen übersehen, wie konnte ich nur, kein Wunder, dass ich es nicht bis zu Kinga geschafft hatte.

Ich lief an der Klinikmauer entlang, um nach den hygienefördernden Gebäudekuben mit den gläsernen Fassaden zu suchen, von denen meine Mutter gesprochen hatte. Die Auflösung der großen Baumasse, klar voneinander getrennte Funktionseinheiten und ein erhöhter Eingangsbereich, wieder und wieder hatte ich sie am Telefon ihre Pläne erläutern hören. Die Realität sah anders aus: dunkel, verfallen, chaotisch. Da entdeckte ich es, wie ein Wurmfortsatz klebte eine Cafeteria an dem Altbau. War das alles, was von ihrem Entwurf übrig geblieben war? Ich lief durch ein weiteres, baugleiches Eingangstor und näherte mich dem Gebäude. An einem der Tische schaufelte sich ein Arzt in weißem Kittel das Essen in den Mund, Erbsen kullerten von der Gabel. Er hatte seine letzten grauen Strähnen quer über den Kopf gekämmt, als wüsste er nicht, dass er damit die Aufmerksamkeit nur noch stärker auf seinen kreisrunden Haarausfall lenkte. Ich holte mir einen Kaffee und setzte mich zu ihm. Er überlegte lange, bevor er auf meine Frage nach dem Neubau antwortete.

Die Pläne, sagte er schließlich mit vollem Mund, stimmt, an die Pläne kann ich mich erinnern.

Ich konnte das hellgrüne Erbsenmus und die kleinen faserigen Fleischstücke auf seiner Zunge sehen.

Was ist aus ihnen geworden?

Nichts. Zu viel Korruption, zu viele Briefkastenfirmen. Die Klinikleitung wurde ersetzt, und dann war kein Geld mehr da.

Sind Sie sicher, dass die Cafeteria der einzige Neubau ist?

Er nickte und spülte die letzten Essensreste mit Mineralwasser herunter.

Ich verließ das Klinikgelände und streifte umher, kreuz und quer durch das Viertel. Vorbei an Hochhäusern und kleinen Geschäften, in denen Schuhe und Regenschirme, Kontaktlinsen und neue Zähne verkauft wurden. Ein Paar in meinem Alter stritt sich am Straßenrand. Ihre Wimperntusche war verlaufen und sie schüttelte ihren Kopf so heftig hin und her, dass ihr langer Zopf von einer Seite zur anderen flog. Er wollte ihre Hand nehmen und sie beruhigen, doch sie schlug um sich und rannte davon. Er ging mit langsamen Schritten in die entgegengesetzte Richtung die Straße entlang, bog in eine Seitengasse ab und betrat ein Café. An den Wänden hingen Zeichnungen von Hunden und

Pferden. Wir setzten uns an benachbarte Tische am Fenster, über mir hing ein Dalmatiner und über ihm ein Apfelschimmel. Er sah gut aus, Kinga hätte ihn sicher sofort angesprochen. Ich wollte einen Tee bestellen, nur verstand ich die in der Karte aufgelisteten Teesorten nicht (fekete, zöld, narancs). Die Kellnerin konnte mit meinen englischen und deutschen Wörtern nichts anfangen. Ich ließ meinen Zeigefinger wahllos hin und her wandern, als wäre ich bei *1, 2 oder 3* zu Gast und müsste mich hüpfend für eine der Drehtüren entscheiden. Mein Tischnachbar war abgelenkt und konnte nicht helfen, eine Frau mit kurzen roten Haaren hatte sich zu ihm an den Tisch gesetzt, sie beugte sich zu ihm und küsste ihn, seine Hand strich über ihren Schenkel. Ich verfolgte ihre Zärtlichkeiten gespannt, bis sie mich vorwurfsvoll ansahen. Als ich schließlich auf eine der Teesorten zeigte, nahm mir die Kellnerin die Karte aus der Hand und verschwand mit schlurfenden Schritten hinter dem Tresen. Wenige Minuten später bekam ich einen Pfirsichtee an den Tisch gebracht, den ich argwöhnisch beäugte. Ausgerechnet Pfirsich. Vor dem Fenster des Cafés stand auf einmal die Frau mit dem langen Zopf, sie starrte auf den Mann und die Rothaarige und stampfte wie ein Kind mit den Füßen auf. Als sie der Mann entdeckte, stürzte er zu ihr nach draußen, aber sie hatte schon umgedreht. Er trottete ihr beschämend langsam hinterher. Ich umschloss die Teetasse mit meinen Händen, bis die Wärme auch die Fingerspitzen erreicht hatte. An der Wand hingen Zeitungen in hölzernen Haltern, ein Mann klopfte mit einem Zuckerstreuer immer wieder den gleichen Rhythmus auf die Theke und durch ein undichtes Fenster zog kalte Luft. Die Rothaarige löffelte, schon im Stehen, den Milchschaum aus ihrer Tasse und fuhr sich mit der Zunge über die Oberlippe, dann ballte sie ihre Hand zur Faust und schlug auf die Tischplatte. Als sich die Kellnerin näherte, nahm sie ihren Schirm und verschwand in den Regen.

Èvas Brief hatte etwas in mir wachgerüttelt, ein diffuses Gefühl, das ich nicht näher benennen konnte. Ich wollte Kinga wiedersehen, ich wollte da sein, wenn sie aufwachte, einen anderen Ausgang ließ ich nicht zu. Aber es war nicht nur das. Ich war froh gewesen, die kleine Münchner Wohnung zu verlassen, in der ich mich nie wirklich heimisch gefühlt hatte. Kein einziges Bild hatte ich an die Wände gehängt, anfangs, weil ich nicht wusste, wie lange ich bleiben würde und die Renovierungsarbeiten beim Auszug scheute. Später hatte ich mich an das Provisorische gewöhnt und sogar an den Staubmäusen in den Ecken Gefallen gefunden, weil sie mich daran erinnerten, dass ich den sterilen Räumen der Villa entkommen war. Kinga hatte es für einen Witz gehalten, als ich ihr zum ersten Mal die Desinfektionsrituale bei uns zu Hause erklärte.

Du übertreibst doch, schrieb sie.

Als ich an einem Nachmittag alleine zu Hause war, fotografierte ich unsere staubfreien Zimmer für sie. Ich erzählte ihr, wie ich auf Socken über den gekachelten Boden rutschen konnte, als würde ich Schlittschuh laufen und wie ich mich in der großen, frisch geputzten

Fensterfront im Wohnzimmer spiegelte. Ich beschrieb ihr den weißen Spender in unserem Bad, den mein Vater regelmäßig mit einer blauen Flüssigkeit füllte, die er von seiner Anästhesiestation mitbrachte. Wenn ich das Sterilium mehrmals am Tag zwischen meinen Handflächen verriebe, sei ich vor Bakterien geschützt und würde im Winter nicht so leicht krank werden, erklärte mir mein Vater.

Ich schrieb Kinga auch, wie sich die Atmosphäre in der Villa nach dem Balaton-Urlaub verändert hatte. Meine Mutter begann ihre Schwangerschaftsvertretung für das Münchner Architekturbüro und entwarf ein Infektionskrankenhaus in Peking. Die meiste Zeit durfte sie im Home-Office arbeiten, nur für die Meetings fuhr sie ins Büro in der Innenstadt.

Das Projekt ist wichtig, sagte sie zu mir, ich muss mir einen Namen machen.

Britta gefällt mir schon ganz gut, sagte ich.

Sie verzog den Mund und tauchte zwischen den Bücherstapeln auf ihrem Schreibtisch unter. Wenn ich ihr Arbeitszimmer betrat, musste ich wie auf einem Wimmelbild nach ihren Umrissen suchen. In ihrer hellen Kleidung schien sie mit der Umgebung zu verschmelzen, den weißen Möbeln und der weißen Tapete. In dem Labyrinth aus Bildbänden, Zeichenbrettern und Skizzenblöcken verrieten sie schließlich ihre Locken.

Ich darf mich auf keinen Fall blamieren, sagte sie und arbeitete sieben Tage die Woche für das Projekt. Der Papierkorb war gefüllt mit zusammengeknüllten Entwürfen. Wenn ich nach der Schule an ihre Zimmertür klopfte, winkte sie mich zu sich und zog den Ärmel ihrer Bluse ein Stück nach oben.

Ich habe keine Kraft mehr, sagte sie, ich fürchte, du musst mich neu aufziehen.

Ich drückte einen imaginären Schlüssel gegen ihren Unterarm und drehte ihn im Uhrzeigersinn, als wäre meine Mutter ein Blechspielzeug mit Federantrieb. Die Schraubbewegungen untermalte ich mit einem Krächzen. Sobald ich meiner Mutter abschließend auf die Schulter klopfte, lief sie in mechanischem Schritt zu ihrem Schreibtisch zurück.

Dan - ke, An - na, sagte sie mit einer künstlich hohen Stimme und griff mit einer Roboterbewegung nach einem Stift.

Wenige Tage später verließ sie uns. Ich war früher aufgewacht als sonst und sah sie zwischen Koffern und Umzugskisten im Flur stehen. Ich bin Schuld, ich hätte besser auf sie hören sollen, ich hätte am Balaton nicht so heimlich mit Kinga sein dürfen. Ich konnte den Blick nicht von einem Bleistiftstummel abwenden, der auf den Boden gefallen und neben ihrem Zeichenbrett, das in Folie gewickelt an der Wand lehnte, liegen geblieben war. Wenn sie den Stummel vergisst, wird alles wieder gut, dachte ich, wenn sie den Stummel vergisst, wenn sie den Stummel vergisst. Meine Mutter suchte nach Worten, und ihr Blick wanderte hastig von den Gemälden an der Wand zum Kaktus neben der Garderobe, vom Kronleuchter zu ihren Pumps neben der Treppe, von den Umzugskisten zur Tür. Sie rieb sich die Augen und verschwand auf der Toilette. Für einen Moment kam es mir so vor, als ob unsere Villa wie ein Jenga-Turm in sich zusammenstürzen würde. Ich dachte an die Tage am Balaton, an die Nacht mit Kinga und an den Streit meiner Eltern auf der Rückfahrt, der sich anfangs nur um mich drehte, bis die Diskussion zunehmend wirrer wurde, und plötzlich alles betraf, was ihnen an ihrer Ehe nicht gefiel.

Mein Vater stand im Gästezimmer. Durch einen Spalt zwischen den zugezogenen Gardinen beobachtete er das Geschehen in der Einfahrt, den Transporter, der sich langsam mit Kisten und Koffern füllte. Als meine Mutter mich zum Abschied fest an sich drückte, konnte ich durch den dünnen Stoff des Rockes ihre Beckenknochen spüren, und der Geruch ihres Parfüms stieg mir in die Nase. Es roch nach weißen Blüten und Erschöpfung. Sie löste sich und lief mit kleinen Schritten nach draußen, in den Händen hielt sie ihre Pumps fest umklammert. Erst auf der Treppe schlüpfte sie in die Schuhe, sie beugte ihren schmalen Rücken weit nach vorne, bis der Taxifahrer hupte. Ich stürzte ins Haus zurück und suchte den Boden des Flurs ab. Wie leergefegt. Meine Mutter musste den Bleistiftstummel in letzter Minute entdeckt und in ihre Tasche gesteckt haben. Die Reifen knirschten über den Kies, und durch die offene Haustür sah ich den Rücklichtern hinterher, bis sie aus meinem Blickfeld verschwanden. Mein Vater öffnete vorsichtig seine Zimmertür und lief im Wohnzimmer auf und ab, er warf ein Sofakissen gegen die Wand, schob den Fernseher in die Zimmermitte und fegte die

Bücher von den Regalbrettern. Erst als nichts mehr auf seinem gewohnten Platz stand, setzte er sich zwischen die Lexika und Biographien, die fast den ganzen Boden bedeckten. Er stapelte einige Bildbände und legte seinen Kopf darauf ab, erschöpft wie ein Kind nach dem Spielen. Als ich näher kam, richtete er sich wie in Zeitlupe auf und fragte mit viel zu lauter und viel zu fröhlicher Stimme, ob ich mit ihm Kaffee trinken würde. Ich nickte und ging in die Küche, während er aufstand und ein Buch mit dem Fuß vor sich herdribbelte. Ich füllte den Wassertank der Maschine, schob ein Pad hinein und hielt die Tasse mit beiden Händen fest umschlossen, als die dunkle Brühe hineintropfte.

Riecht gut, sagte mein Vater.

Die Uhr tickte und tickte und tickte und weder mein Vater noch ich wussten, was wir dagegen tun sollten. Ich schaltete das Radio an und lauschte einer Wissenssendung, in der von einer Zickzack-Blattwespe gesprochen wurde, einem ostasiatischen Insekt, das nach Europa eingeschleppt worden war und seitdem den Bestand der Ulmen bedrohte, da die Wespenlarven die Bäume befielen und in einem Zickzackmuster an den Blättern knabberten. Mein Vater schob seine leere Kaffeetasse von einer Seite des Tisches zur anderen, in geraden Linien, von links nach rechts und wieder zurück. Er stand auf und kam mit einer Grapefruit zurück, die er bedächtig schälte, dann schob er sich die weißhäutigen Schnitze in den Mund, und ich verzog an seiner Stelle das Gesicht.

Vielleicht ist sie eine Zickzackwespe und muss sich einen neuen Baum suchen, sagte ich.

Mein Vater stand abrupt auf und öffnete alle Fenster, wir räumten die Bücher zurück ins Regal, schoben die Möbel an ihren gewohnten Platz und setzten uns auf die Couch. Nur der Fernseher blieb wie ein Mahnmal in der Zimmermitte stehen.

Deine Mutter ist keine Wespe, sagte mein Vater und setzte sich auf den Boden, sie ist ein rotbrauner Reismehlkäfer. Bei denen läuft es so: Wenn es den Käferweibchen gut geht, bleiben sie bei einem Partner. Doch wenn sich in Krisenzeiten die Populationsgröße verringert, steigt das Risiko von Erbgutschäden und oft stirbt der Embryo bereits vor der Geburt. Die Weibchen paaren sich dann öfter und verkehren mit bis zu fünf Männchen, um ihre Chancen auf gesunden Nachwuchs zu verbessern. Der Erfolg bei der Befruchtung ist offenbar am größten, wenn sich das weibliche und männliche Erbgut stark unterscheiden.

Was, zum Teufel, willst du damit sagen?

Mein Vater rutschte ein Stück zurück.

Wenn du mir nicht sofort alles erzählst, ziehe ich auch aus.

Sein Blick wanderte von der Tischplatte zum Boden und zurück, er sah mir nicht in die Augen, als er von der Affäre meiner Mutter mit einem Kollegen aus dem Architekturbüro erzählte, ich konnte ihn kaum hören.

Ich habe die beiden zufällig Arm in Arm durch die Innenstadt laufen sehen und abends habe ich hin und wieder gehört, wie deine Mutter heimlich telefonierte. Irgendwann habe ich sie zur Rede gestellt.

Er stockte, doch als ich mich nicht rührte und auch meinen Blick nicht abwandte, fuhr er fort.

Sie wollte die Wochentage bei uns und das Wochenende bei dem Kollegen verbringen. Eine Abmachung, auf die ich mich nicht einlassen konnte.

Es klingelte an der Tür und wir hörten die Stimmen von Simons Eltern. Auch nach dem dritten Klingeln blieben wir sitzen und duckten uns hinter der Couch, damit wir von außen nicht zu sehen waren.

Ich bin doch kein Reismehlkäfer, sagte mein Vater und hob zum ersten Mal seine Stimme.

Er erzählte, wie er meine Mutter nach dem Krisengespräch links liegen gelassen hatte und ihre Sachen aus allen Schränken und Regalen geholt hatte, ohne etwas auf den Boden zu werfen. Wie er jedes Oberteil feinsäuberlich gefaltet in einen Schalenkoffer gelegt, Röcke und Kleider gestapelt und Socken und Unterwäsche in die Zwischenräume geschoben hatte.

Du hast ihr auch noch die Koffer gepackt, fragte ich.

Nicht nur das ..., antwortete er und fuhr fort.

Wie er Vasen in Zeitungspapier wickelte, Schuhe in Plastiktüten verstaute und Parfümflakons zum Schutz in Frotteewaschlappen schob. Wie er stapelweise Bücher in Schwergewichtsboxen verstaute und in seiner Plattensammlung nach den Interpreten suchte, die nur meiner Mutter gefielen. Wie er sich dann mit frischer Bettwäsche ins Gästezimmer zurückgezogen hatte, um die Nächte bis zum Auszug meiner Mutter auf dem Ausziehsofa zu verbringen.

Ich schüttelte den Kopf und wunderte mich, dass ich nichts davon mitbekommen hatte, dass die große Villa die Streitigkeiten meiner Eltern verschluckt hatte wie Flüsterasphalt.

Nach dem Auszug meiner Mutter versuchte mein Vater, die Leere nach und nach mit neuen Möbelstücken zu füllen. Er bestellte Sideboards und Glastische, Truhen und Sekretäre, doch nichts davon half. Im Keller richtete er sich einen Trainingsraum ein und kaufte sich ein Indoor-Mountainbike. Ich durfte ihm beim Auspacken helfen, und er zeigte mir den bewegbaren Lenker, die unterschiedlichen Widerstandsstufen und die Handpuls-Sensoren. Es gab ein Display, das seine Trainingsergebnisse zeigte, und er konnte zwischen Berg- und Talfahrten wählen.

Alles ist fast so wie bei einer Fahrt in der freien Natur, erklärte er mir stolz.

Einmal ließ er versehentlich die Tür offen stehen und ich sah ihn mit rotem Kopf auf dem Rad sitzen. Alle paar Minuten wischte er sich mit einem Schweißband über die Stirn.

Los, Clemens, los, rief er sich selbst zu, eine Steigung schaffst du noch.

Er fuhr stehend weiter, den Oberkörper vornübergebeugt. Ich schlich zurück ins Wohnzimmer. Ich trug nur noch dicke Socken, damit meine Schritte auf dem Kachelboden nicht nachhallten und ließ in allen Zimmern Musik laufen. In der Schule drückte ich mir einen Zeigefinger in den Unterarm und versuchte, mich aufzuziehen. Doch es funktionierte nicht, und ich legte den Kopf auf meine verschränkten Arme, bis mich die laute Stimme eines Lehrers weckte. Meine Mutter schickte mir zwischendurch Kurznachrichten mit belanglosen Fragen, und wenn ich nicht antwortete, beschrieb sie ihre anstrengenden Aufträge, den Regen vor dem Fenster und den Mittagstisch bei ihrem Lieblingsitaliener. Wieder und wieder entschuldigte sie sich dafür, dass sie nicht in der Villa hatte bleiben können, doch bei ihr klang es wie ein unabwendbarer Schicksalsschlag und nicht wie etwas, das sie jederzeit wieder hätte rückgängig machen können. An den Nachmittagen rief mich mein Vater oft aus der Klinik an, als wollte er sichergehen, dass ich nicht davonlief. Es waren seltsame Gespräche mit langen Pausen, er beschrieb mir das Essen in der Kantine oder erläuterte mir die Krankengeschichte eines eingelieferten Patienten. Wenn die Nachbarn klingelten und mit Klarsichtfolie abgedeckte Schüsseln in der Hand hielten, öffnete ich nicht. Das Essen, das sie vor der Tür stehen ließen, warf ich umgehend in den Müll. Abends saßen mein Vater und ich vor dem Stapel mit unseren Brettspielen. Meine Mutter hatte ihre Lieblingsspiele mitgenommen, und in unserem Regal klafften Lücken. Wir fügten unsere Buchstabensteine auf dem Scrabble-Brett zu einsilbigen Wörtern zusammen, die kaum Punkte brachten und bei den Wissensfragen von Trivial Pursuit dauerte das Nachdenken vor unseren Antworten länger und länger, bis wir die Geduld verloren und das Spiel wieder zusammenklappten.

Wir fanden erst wieder in unseren Alltag zurück, als mein Vater eine Haushälterin aus Nicaragua anstellte, die sich fortan darum kümmerte, dass der Kühlschrank gefüllt, die Böden gesaugt und die Hemden gebügelt waren. Carolina war das genaue Gegenteil meiner Mutter: Sie war groß und kräftig, trug bunte, wallende Kleider und ihre durchdringende Stimme hätte selbst einen General erschreckt. Ihr Deutsch war bruchstückhaft, und wenn ich mich in Zeichensprache mit ihr verständigte, kam es mir so vor, als würden wir die Hauptrollen in einem Stück von Beckett spielen. Als sie unseren Spieleturm entdeckte, brachte sie uns das Pokern bei. In meiner Fantasie saßen wir mit Cowboyhüten in einer stickigen Kneipe und rauchten Zigarren, hin und wieder spuckte einer von uns auf den Boden, kratzte sich im Schritt und rückte den Pistolengurt zurecht. Wenn ich mit der offenen Handfläche auf den Tisch schlug, stand Carolina auf und holte neues Bier aus dem Kühlschrank. Mein Vater beschwerte sich an diesen Tagen nicht mehr, wenn ich dreckiges Geschirr stehen ließ oder abends später nach Hause kam als sonst, er hielt sich kaum noch mit Verboten auf. Bevor er schlafen ging, klopfte er mir auf die Schulter, als wollte er sagen: Los, Anna, los, eine Steigung schaffst du noch.

Die Kellnerin räumte meine leere Teetasse ab und blieb einen Moment wartend neben dem Tisch stehen. Ich reagierte nicht und starrte so lange aus dem Fenster, bis sie sich wieder abwandte. Ich zog den Reiseführer aus der Tasche und fand eine Rubrik mit den wichtigsten ungarischen Wendungen. Ich versuchte, mir so viele Wörter wie möglich zu merken, doch das Auswendiglernen schien ich irgendwo bei der Arbeit in der Bäckerei zwischen Laugenbrezeln und Buttercroissants verlernt zu haben. Es dauerte fast eine Stunde, bis ich ein paar Wörter behielt und ich kritzelte sie schnell auf die Serviette vor mir. Auch meine Briefe an Kinga hatte ich auf alles geschrieben, was mir unter die Finger kam, auf die Rückseiten von den medizinischen Artikeln, die mein Vater für mich kopierte, auf alte Klausuren aus der Schule, die ich nicht mehr sehen wollte, auf leeres Notenpapier, das mein Vater neben dem Klavier stapelte. Die Antworten von Kinga steckte Simon mir in der großen Pause zu, er spielte gerne den heimlichen Briefträger. Wenn er mich nach dem Inhalt fragte, erfand ich belanglose Anekdoten. In Wirklichkeit hing ich so oft über Kingas Briefen, dass ich ganze Absätze auswendig konnte. Kinga verriet mir, wie man einen Jungen auf dem Schulhof ansprach und wann man ihm besser die kalte Schulter zeigen sollte, welche Übungen die Beckenbodenmuskeln trainierten und wie ich mir einen größeren Busen zaubern konnte, wie ein echtes Pokerface aussah und welche Ausreden meinen Vater garantiert beruhigten, wenn ich zu spät nach Hause kam. Wenn meine Fragen nicht bis zu einem Brief warten konnten, telefonierten wir nachts über das Internet. Ich wartete, bis mein Vater ins Bett gegangen war und ließ zur Sicherheit eine halbe Stunde verstreichen, bevor ich mich an den Computer setzte. Erst arbeitete Kinga ihre Notfallpläne für mich aus, dann unterhielten wir uns mit leiser Stimme über kuriose Fakten, die ich für sie sammelte. Ich erzählte ihr von Winkerkrabben-Weibchen, die sich bei der Partnerwahl für das Männchen entschieden, das mit seiner großen Schere am besten winken konnte und erklärte ihr, dass Gottesanbeterinnen während der Paarung manchmal das Männchen auffraßen und dann mehr Eier als jene Artgenossen legten, die sich nach der Befruchtung friedlich von ihren Partnern getrennt hatten. Nur über die Candy Bar sprachen wir nicht mehr. Die Kellnerin klopfte mit den Fingern bestimmt auf meinen Tisch und zog demonstrativ die Speisekarte hervor. Ich winkte ab und bezahlte. Auf dem Weg zur Haltestelle überlegte ich bei jedem zweiten Schritt, ob ich umdrehen und erneut zur Klinik gehen sollte. Ich stellte mir Kinga in ihrem Krankenbett vor und sofort sah ich den Mann mit dem Urinbeutel vor mir, der seine Krücke so lange hin und her schwang, bis ich den Gedanken verwarf und in die Bahn stieg. Ich murmelte die neuen Vokabeln vor mich hin. Szia, Bocsánat, Köszönöm. Hallo, Entschuldigung, Danke. Die Worte waren meine Eintrittskarten in eine neue Welt.

Nusskuchen

Kingas Beziehung zum Sohn des Tretbootfahrers hielt nicht lange. Nach dem Urlaub am Balaton wechselte sie ihre Freunde im selben Rhythmus wie ich meine Interdentalbürste. Kinga fand schon Zahnseide überflüssig und verstand diese komischen Bräuche nicht, an die mein Vater mich gewöhnen wollte. Sie interessierte sich für ganz andere Dinge und schien von jedem Tag mehr erzählen zu können als ich von einem Monat. In ihren Briefen beschrieb sie die Nächte, die sie mit wechselnden Partnern verbrachte. Sie berichtete von einem György, einem Péter und einem Isti, gefolgt von Béla, Gábor und András, Zsolt, Ferenc und Balázs, Norbert, Sándor und Attila. Ich notierte mir die Namen in meinem Taschenkalender, um nicht zu vergessen, nach wem ich in meinem nächsten Brief fragen musste. Die ungarischen Namen neben meinen Nachmittagsterminen gefielen mir, es war fast so, als hätte ich selbst ein Date nach dem anderen. Kinga wartete nie darauf, dass sie angesprochen wurde, sie nahm das selbst in die Hand: in der U-Bahn und im Bus, im Museum und im Kino, beim Bäcker und beim Metzger. Sie ging auf jeden Jungen zu, der ihr gefiel, und trat den Rückweg fast nie ohne eine Telefonnummer an.

Ich zog den Karton mit meinen Briefen hervor, den Kinga im Gästezimmer im Kleiderschrank deponiert hatte, und blätterte durch die Geschichten der letzten zehn Jahre. Je mehr Männergeschichten Kinga mir aufgezählt hatte, desto seltsamer fühlte es sich an, dass ich zwar hin und wieder von Simon erzählte, aber ansonsten nur von Schulausflügen und neuen Brettspielen berichten konnte. Wenn du nicht bald einen Freund findest, melde ich dich bei einer Partnervermittlung an, schrieb Kinga und ich wusste, sie hatte Recht. Es wurde Zeit. Der Gedanke, dass sie mir bald nicht mehr schreiben würde, weil sie mich für einen langweiligen Backfisch hielt, beunruhigte mich weit mehr als der Gedanke, dass ich weiterhin nur mit einem Kissen das Küssen üben konnte, im Biologieunterricht verschämt Kondome an Holzbananen abrollte und mir von Dr. Sommer Nachhilfe in den elementaren Liebesfragen geben ließ.

Simon war der einzige Junge, den ich regelmäßig traf. An einem heißen Nachmittag kurz vor den Sommerferien saßen wir in seiner Hollywoodschaukel, und während wir unsere Füße in Plastikeimern mit eiskaltem Wasser kühlten, kam mir die Idee, wie ich mir Kingas Aufmerksamkeit weiterhin sichern konnte. Simon hatte sein T-Shirt ausgezogen, und ich starrte auf seine Bauchmuskeln, er war von seinem Sommerziel, dem Sixpack, nicht mehr so weit entfernt. Wir waren unzertrennlich, seit er kurz vor dem Balaton-Urlaub in unsere Nachbarschaft gezogen war und unsere Väter Kollegen in der Klinik wurden. Simons Großeltern waren kurz nacheinander gestorben und hatten seinen Eltern ihre Villa in Grünwald vererbt, ein Prachtexemplar mit ausgedehntem Garten, riesigem Teich und viel zu vielen Zimmern für eine Kleinfamilie. Mein Vater war selig, dass er nicht mehr der Einzige war, dessen Reichtum im Viertel als minderwertig angesehen wurde, weil er ihn nicht aus eigenen Kräften erarbeitet hatte. Auf der Einweihungsfeier von Simons Eltern tastete uns das Einlasspersonal mit einem Metalldetektor ab. Ich lief langsam den Flur entlang, begutachtete die nackten Frauen auf den Ölgemälden und streichelte einen Boxerhund aus Marmor. Simon trug türkise Chucks zu den ausgewaschenen Jeans und stand verloren zwischen den blassen Kollegensöhnen und den aufgetakelten Kollegentöchtern. Wir unterhielten uns über Kickboxen, Batman und MacGyver und verschwanden kurz darauf im Weinkeller, wo wir Verstecken spielten, bis ein paar Flaschen zu Bruch gingen und wir in einer Pfütze aus sündhaft teurem Rotwein standen. Nach dieser Feier telefonierten wir fast täglich und manchmal schwänzten wir eine Unterrichtsstunde und fuhren zusammen in die Innenstadt, wo wir in teuren Boutiquen Anzüge und Kleider anprobierten, die uns nicht einmal gefielen, bis uns die Verkäuferinnen genervt aus dem Laden verscheuchten. Als wir älter wurden und die Abende nicht mehr zu Hause verbrachten, lief ich mit Simon freitags oft zu Johnny, einem weiteren Ärztesohn aus unserer Nachbarschaft. Seine Eltern wohnten in einem der kleinsten Häuser in Grünwald, ihr Grundstück war so groß wie unsere von Buchsbäumen und Marmorsäulen gesäumte Einfahrt. Johnny legte im Keller des Reihenhauses amerikanischen Hardcore Punk auf: *Minor Threat*, *Dirty Rotten Imbeciles* und *Artificial Peace*. Die Platten bestellte er über das Internet in den USA, sie gefielen niemandem außer ihm. Wenn jemand aus Versehen zu lange bei ihm stehen blieb, erläuterte er ihm seine Theorie vom Wesen der Musik: Ein Lied dürfe niemals perfekt sein, es müsse immer so in sein Ohr gelangen, dass er es im Kopf vollenden könne. An den Wänden des Kellers hingen vergrößerte Fotos, auf denen Johnnys Eltern mit ihren Freunden nackt posierten. Simon interessierte sich nicht für die Bilder, weil Johnnys älterer Bruder auf keinem zu sehen war. Der Bruder kreuzte freitags manchmal auf, in einer Lederjacke, die ihm mindestens zwei Nummern zu groß war. Dann mixte er alkoholfreie Cocktails mit seltsamen Namen: *Vampire On The Beach, Bloody Hour, Zombie Libre*. Auch wenn Simon noch nie ein Wort mit ihm gewechselt hatte und ihn nur aus der Ferne beobachtete, rangierte Johnnys Bruder auf seiner Männerliste seit Wochen auf Platz 1. Wir hatten beide eine A-Liste für unsere Top Five der Hollywoodschauspieler und eine B-Liste für die schönsten fünf Normalsterblichen. Jeden Montag verglichen wir unsere Listen und legten einen Auf- und Absteiger der Woche fest. Erst über diese Listen hatte ich von seiner Vorliebe für Männer erfahren.

In meinem nächsten Brief an Kinga wurde Simon mein Freund, und ich beschrieb ihr Simons Pectoralis major, Simons Lieblingszitate und Simons Gesichtsausdruck beim Küssen. Kinga war begeistert und verlangte nach weiteren Details. Ich schrieb von den Nachmittagen, die ich mit Simon im Freibad verbrachte. Sein größtes Anliegen war es, mich zu überzeugen, vom 10-Meter-Brett zu springen. In meinen Briefen aber quetschten wir uns zusammen in eine Umkleidekabine und erforschten unsere Körper. Wenn wir mit Sonnenbrand auf der Nase auseinander gingen, setzte ich mich an den Schreibtisch. Ich beschrieb, wie Simon seine Zimmertür abschloss und die Musik aufdrehte, wie er mich in die Luft hob und auf sein Bett legte. Wie peinlich ihm seine Fußballbettwäsche war, wie er meinen BH nicht alleine aufbekam und wie ich einmal eine halbe Stunde die Innenseiten seiner Oberschenkel streichelte und mich nicht traute, ihm die Boxershorts auszuziehen.

Kinga überhäufte mich mit Tipps für Kamasutrakissen und Hodenmassagen, die sie wiederum von ihrer älteren Cousine Tünde gelernt hatte. Doch meine Phantasie stieß unerwartet schnell an ihre Grenzen und endete beim ersten Mal. Ich fürchtete, Kinga würde mich wegen einer ungenauen Schilderung entlarven. Stattdessen wurde Simon in meinen Briefen ausgesprochen religiös, trat in die Partei der bibeltreuen Christen ein und hängte sich ein Plakat über das Bett, auf dem »Wahre Liebe wartet« stand. Kingas Antwort ließ länger auf sich warten als sonst.

Bist du sicher, dass ich dir nicht besser einen ungarischen Freund suchen soll, schrieb sie.

Èva rief aus der Küche nach mir. Sie wog Mehl ab und ihre Schürze reichte bis zum Boden. Als ich mich ihr von hinten näherte, ihre Augen mit meinen Händen bedeckte, erschrak sie. Das Mehl staubte auf. Sie lachte und legte ihre warmen Hände auf meine.

Warst du bei Kinga, fragte sie, und ich wusste nicht, wie ich ihr erklären sollte, dass ich vor der Klinik wieder umgekehrt war.

Schon gut, sagte Èva, am Anfang habe ich es auch kaum auf der Station ausgehalten.

Darf ich deine Assistentin sein?

Èva nickte und drückte mir ein Paket Butter in die Hand. Während sie auf der einen Seite der Küche ihre Backutensilien ausgebreitet hatte, dünstete sie in einem großen Topf auf dem Herd bereits die Hähnchenschenkel für das Abendessen, und eine eigenartige Mischung aus süßen und scharfen Gewürzen zog durch die Küche. Von Csaba war nichts zu sehen, er hatte sich im Wohnzimmer hinter der Zeitung verkrochen. Die Regierung hatte neue Gesetze verkündet, und er las jeden Artikel zweimal, um dahinterzukommen, was wirklich geschehen war und was die Journalisten erfunden hatten, dabei machte er seltsame Geräusche.

Im Zug habe ich einen deutschen Journalisten getroffen, der eine Reportage über die Situation in Ungarn schreiben will, sagte ich und legte die klein geschnittene Butter in Èvas Backschüssel.

Hoffentlich sieht er genau hin, sagte sie und fasste die Lage aus ihrer Sicht zusammen, erzählte von der Fidesz-Partei, die vor einem Jahr mit einer Zweidrittel-

Mehrheit die Wahlen gewonnen hatte und seitdem ohne Koalitionspartner regierte. Und von der hohen Arbeitslosigkeit, den niedrigen Gehältern, der Krisenstimmung im Land.

Èva wog die restlichen Backzutaten ab und ließ mich den Teig rühren, bis er sich vom Rand löste.

Kinga hat sich nie für meine Küchenkünste interessiert, sagte Èva, sie aß einfach alles, was auf den Tisch kam. Pommes oder Rosmarinkartoffeln, dreistöckige Torten oder ein Marmorkuchen aus dem Supermarkt, für sie machte das keinen Unterschied, ihr schmeckte alles. Ich habe das nie verstanden.

Èvas Gesichtsausdruck hatte sich verändert, wie sie die Walnüsse in der Pfanne röstete, zwei Eier mit Zucker, Sahne und Honig verrührte, erschien mechanisch, fast wie meine Mutter, nachdem ich sie aufgezogen hatte. Sie füllte den Teig in eine Form, die ich in den Ofen schieben durfte.

Ich mag nur Selbstgemachtes, sagte ich schnell und Èvas Blick hellte sich, wie erwartet, auf.

Warum hast du nicht studiert nach dem Abitur, sondern die Ausbildung in der Bäckerei begonnen, fragte sie, das habe ich nie so ganz verstanden und Kinga auch nicht, glaube ich, zumindest hat sie es mir nicht erklären können.

Das lag an dir und deinem Nusskuchen, sagte ich und erzählte Èva von der Zeit vor meinem Abitur, von den Gesprächen mit meinem Vater, die früher oder später immer auf dasselbe hinausgelaufen waren. Wie zufällig streute er beim Essen Anekdoten von seinen ehemaligen Professoren an der Universität ein und versuchte, mir zwischen Kroketten und Jägerschnitzel Studienwünsche zu entlocken. Ich wimmelte ihn mit vagen Erklärungen ab: Simon und ich würden zu einem Schnuppertag an der Ludwig-Maximilians-Universität gehen, Simon und ich hätten bald Gespräche mit einem Berater im Berufsinformationszentrum. Auf unseren Schreibtischen fanden Simon und ich die gleichen Zeitschriften vor, wie zufällig genau auf der Seite aufgeschlagen, die ein Ranking von Medizinstudiengängen in Deutschland zeigte. Wir lasen von keinem der Artikel mehr als die Überschrift, warfen die Zeitschriften auf unseren Spaziergängen durch die Stadt in einen Mülleimer und planten mit Hingabe und Detailversessenheit Simons Schauspielkarriere, von der seine Eltern noch nichts wussten. Erst als ich sämtliche Studiengänge in Deutschland durchgegangen war und auch Freizeitwissenschaft, Onomastik und Brauwesen gestrichen hatte, kam ich auf die Idee mit der Ausbildung. Ich beschrieb Èva ausführlich, wie mir während der Suche der Geruch von ihrem Nusskuchen in die Nase gestiegen war. Wie ich ihre mit Mehl verklebten Hände vor mir gesehen hatte, mit denen sie sich im Urlaub gedankenverloren eine Strähne hinter das Ohr strich, bis ich sie auf das Teigklümpchen aufmerksam machte, das sie wie eine Spange im Haar trug.

Das hast du dir gemerkt?

Èva lachte und warf einen Blick auf den Kuchen im Ofen, der langsam aufging und sich nach oben wölbte. In Wirklichkeit hatte meine Entscheidung nichts mit ihr zu tun. Aber ich mochte sie, und es schadete niemandem, wenn ich die Sachen ein wenig verdrehte, im Gegenteil. Vielleicht bedeutete Zuneigung gerade, dass man sich dem anderen zuliebe auch mal verstellen konnte.

Ich erzählte ihr von meiner Recherche im Internet, wo ich *Azubi & Azubine* entdeckte, ein Portal für Auszubildende, das alle Fakten rund um die dreijährige Ausbildung zur Bäckerin auflistete und die Bewerbungsmodalitäten beschrieb. Ich erzählte ihr, wie ich mir vorgestellt hatte, meine Hände an der Schürze abzuklopfen, um ein Blech Kürbiskernbrötchen in den Backofen zu schieben, und wie ich mich bei einer Münchner Filiale beworben hatte.

Bist du denn immer morgens aus dem Bett gekommen, fragte Èva.

Ich wusste noch genau, wie Simon mich angesehen hatte, als ich ihm von meinen neuen Plänen berichtete, er konnte sich nur schwer vorstellen, dass das Backen von Broten und Brezeln, die Herstellung von Cremes und Füllungen, der Umgang mit Öfen und Maschinen bald zu meinem Alltag gehören würde. Doch beim nächsten Treffen zog er *Clocky* aus der Tasche, einen Wecker, der nach dem Drücken der Schlummertaste auf seinen Kunststoffrädern vom Bett wegrollte und kurz darauf laut piepsend durch das ganze Zimmer fuhr.

Wie willst du sonst um vier Uhr wach werden, sagte er.

Es ist nicht so schlimm, wie alle denken. Am Anfang habe ich mich aus dem Bett gequält, aber nach einem halben Jahr geht es. Der Körper gewöhnt sich an fast alles.

Èva öffnete den Backofen und ich schob einen Holzspieß in den Teig und als daran keine Klümpchen hängen blieben, holte ich den Nusskuchen heraus.

Wie lange wirst du bleiben, fragte Èva, als sie den Rand der Springform löste.

Bis Kinga aufwacht, konnte ich das zu Èva sagen? Und was war, wenn Kinga nicht aufwachte, würde ich dann mein restliches Leben in Budapest verbringen? In der Bäckerei hatte ich meinen kompletten Jahresurlaub beantragt, aus familiären Gründen, wie ich wieder und wieder betonte. In den Verhandlungen mit der Personalabteilung erfand ich eine schwerkranke Tante in Amerika, die nur noch wenige Wochen zu leben hatte und als letzten Wunsch, um einen Besuch von mir gebeten hatte, ich malte der Belegschaft die Krankheit in allen Einzelheiten aus und sparte nicht an Blut, Eiter und merkwürdigen Schwellungen. Mein tatsächliches Ziel kannte niemand bei der Arbeit und niemand in meiner Familie, nur Simon war eingeweiht. Ich wusste, dass er mir keine Fangfragen stellen oder Steine in den Weg legen würde, egal wie vage meine Pläne auch waren. Womit ich nicht rechnete, war seine Gleichgültigkeit Er stand direkt vor mir, als ich ihm von Kingas Unfall erzählte, doch er hörte mir kaum zu, ich konnte förmlich sehen, wie seine Gedanken davonflogen, nur woanders hin. Als ich eine kurze Redepause einlegte, holte er tief Luft und erzählte in einem Atemzug von seinen Vorsprechen an Theatern in ganz Deutschland.

Etwas Festes ist nicht in Sicht, immer noch nicht, sagte er und zog eine Flasche Sekt hinter seinem Rücken hervor, aber ich werde der neue Prinz von Homburg sein, stell dir vor, die Münchner Kammerspiele haben mich für ein Stück als Gastschauspieler engagiert.

Das Reclamheft ragte aus seiner Hosentasche, aber ich bezweifelte, dass er schon einen Blick hineingeworfen hatte. Ist das von Goethe, hatte Simon im Gespräch mit der Theaterleitung gefragt, und der Intendant hatte über seinen ungewöhnlichen Humor gelacht. Simon spielte es mir so lange vor, bis ich ebenfalls lachte. Während meiner Abwesenheit wollte er in meiner Wohnung übernachten, so konnte er der Theaterwohnung mit der gelben Nikotintapete und der durchgelegenen Matratze entkommen, die ihn schon bei der ersten Besichtigung abgeschreckt hatte. Die Villa seiner Eltern hatte er seit seinem Auszug nicht mehr betreten. Er nannte es eine Win-win-Situation und notierte sich in seinem Kalender, wie viel Wasser meine Zimmerpflanzen vertrugen und wo die Vermieter ihr Büro hatten. Ich zeigte ihm, dass er den Kühlschrank ein Stück zur Seite schieben musste, um an den Sicherungskasten zu kommen und erläuterte ihm die eigenwillige Ordnung in meiner viel zu kleinen Speisekammer, in der das Putzmittel neben Konservendosen, H-Milch-Tüten und dem übrig gebliebenen Glühwein vom letzten Winter stand, gut verborgen von meiner Sammlung an Plastiktüten und Jutetaschen, die von einem Haken an der Decke baumelte. Er hörte mir nur am Rande zu, imitierte die Fistelstimme der Talkshowmoderatorin im Fernseher und lief mit erhobenen Fersen vor dem Fernseher auf und ab. Als ich stiller und stiller wurde, zog er ein kleines gelbes Wörterbuch aus der Umhängetasche und hob mich zum Abschied ein Stück in die Luft.

Ich bleibe so lange wie möglich, sagte ich zu Èva.

Wir sind eine Bäckerei für die ganze Straße geworden, rief Csaba aus dem Wohnzimmer. Fast jeden Tag backt Èva einen Kuchen. Die eine Hälfte verteilt sie im Krankenhaus, die andere Hälfte ist für uns.

Er legte die Zeitung beiseite, und als ich näher kam, gab er mir eine lange Liste mit allen Kirchen, Museen und Plätzen, die ich mir nicht entgehen lassen durfte.

Irgendwie musst du dir die Wartezeit ja verkürzen, sagte er und holte seine Polaroid-Kamera aus einer Schublade, ich habe aufgehört zu fotografieren, in den letzten Jahren ist nur noch Kinga damit durch die Straßen gezogen.

Er drückte mir die Kamera in die Hand, ein flaches schwarzes Paket, das erst nach dem Aufklappen die Form erhielt, die ich aus unserem Balaton-Urlaub kannte.

Weißt du, wie diese Kameras erfunden wurden?

Ich schüttelte den Kopf, und er erzählte mir von der Tochter eines amerikanischen Physikers namens Edwin Land, die sich im Urlaub darüber beschwert hatte, dass sie so lange auf seine Schnappschüsse warten musste. Nach diesem Sommer tüftelte Land so lange herum, bis er die erste Sofortbildkamera entworfen hatte.

Ich bin nur zehn Jahre älter als sie, sagte Csaba und hielt die Polaroid SX 70 neben sein Gesicht. Kinga hat die Fotoläden in der Innenstadt abgeklappert und sich einen Vorrat an Polaroid-Filmen gesichert, als das Unternehmen vor ein paar Jahren die Produktion einstellte. Csaba stand auf und kramte aus einer Schachtel im Schrank ein paar Filme hervor.

Das sind die letzten Filme, sagte er, die gehören dir.

Das Haltbarkeitsdatum war seit mehr als einem Jahr abgelaufen. Kinga hätte vor ihrem Unfall mehrmals betont, dass die Zeit knapp würde, dass sich die Entwicklungspaste bald nicht mehr verteilen würde, dass sie die letzten Aufnahmen in Angriff nehmen müsste.

Èva trug ihr Paprikahähnchen ins Esszimmer und Csaba entkorkte eine Flasche Wein, einen süßlichen Tokajer, den Csabas Bruder kistenweise verschenkte.

Wir können längst nicht so viel trinken, wie er denkt, sagte Csaba, es wird Zeit, dass wir wieder eine Feier planen.

Er sah auf seine Schuhspitzen, eine ganze Weile sagte niemand ein Wort, die Feier war ihm so herausgerutscht, ich sah ihm an, wie unangenehm es ihm war.

Egészségedre, sagte Èva und zwinkerte mir zu. Schon am Balaton hatte ich ihnen nur mit Mühe auf Ungarisch zuprosten können.

Ähgehs-schä-gä-dräh, sagte ich langsam und Csaba klopfte mir auf die Schulter.

Für den Anfang nicht schlecht.

Im Minutentakt erhoben sie daraufhin ihre Gläser,

um meine ungarischen Sprachkenntnisse zu bewundern. Ich fragte mich, ob sie auch bei jeder Gelegenheit Kingas Gesicht vor sich sahen, und tunkte den Reis in die hellrote Soße. Ich aß so viel wie möglich, schließlich wusste ich, dass man dafür Sympathiepunkte bekam. Èva gab mir zweimal Nachschlag, und das Lächeln in ihrem Gesicht wurde breiter und breiter. Ich stellte mir eine Bonuskarte vor, wie man sie immer öfter in Coffeeshops bekam, nur eben für Hausgäste, und sah mich jeden Abend zufrieden die Stempel zählen.

Nach dem Essen setzte sich Csaba in seinen Sessel, die Zeitung auf den Knien, die Brille in der Hand. Wir hörten ihn nicht ein einziges Mal eine Seite umblättern, so schnell war er eingeschlafen. Ich nahm ihm die Brille ab und legte sie auf den Tisch, während Èva ihn mit einer Wolldecke zudeckte. Sie holte den Nusslikör aus dem Schrank und schenkte uns ein. Schon nach wenigen Schlucken bekam sie rote Wangen.

Du siehst aus wie ein junges Mädchen, sagte ich und sie erzählte mir von der Kleinstadt in der Nähe des Balatons, in der sie aufgewachsen war. Von dem Viertel mit den baugleichen Einfamilienhäusern, in dem Èva ihren ersten Kuss bekommen hatte (und erst danach bemerkte, dass ihre Mutter sie durch das Fenster beobachtete), das Viertel, in dem sie beim Ausparken so viele Nachbarautos demoliert hatte, dass sie daraufhin den Führerschein im Schrank versteckt hielt und zu Csaba sagte, sie könne nicht Auto fahren, nein, noch nie, es müsse in der Familie liegen, ihre Mutter hätte sich auch ihr ganzes Leben lang davor gehütet.

Az idő eljár, senkire nem vár, sagte Èva, die Zeit vergeht, sie wartet auf niemanden.

In einer Blechdose im Regal sammelte sie ihr Kleingeld. Am Monatsende legte sie manchmal einen größeren Schein dazu. Wenn sie genug gesammelt hätte, würde sie sich ein Flugticket kaufen. Nach Griechenland.

Anna, sagte sie, ich will das Meer sehen.

Sie schüttelte den Kopf. Die Dose war fast voll, aber sie traute sich nicht, das Geld zu zählen. Und ich traute mich nicht, ihr zu sagen, wie oft ich mit meinen 24 Jahren schon am Meer gewesen war.

Èva schloss die Augen. Erst da sah ich den Umschlag mit den Fotos, der neben ihr lag. Ein Polaroid von Kinga und Tibor lag ganz oben; die beiden strahlten in die Kamera und sahen aus, als hätten sie im Lotto gewonnen. Ich verließ leise das Wohnzimmer. Jahrelang hatte Kinga mir Brief für Brief von einem anderen Jungen vorgeschwärmt, bis sie kurz nach ihrem Abitur Tibor kennenlernte. Auf einmal war alles anders. Brief für Brief gab es nur noch ihn. Anfangs wartete ich noch darauf, dass ein anderer Name auftauchte, wenn ich ihre Briefe öffnete, doch mit der Zeit gewöhnte ich mich an ihre Verwandlung. So wie Gregor Samsa eines Morgens in einem Chitinpanzer aufgewacht war, hatte Kinga offenbar über Nacht die Monogamie entdeckt.

Tibor kann Gedichte auswendig, schrieb sie, am liebsten mag er József Attila und Endre Ady, das sind zwei bedeutende ungarische Dichter. Sie begann, in ihren Briefen Gedichtzeilen zu zitieren und manchmal konnte ich nicht auseinanderhalten, welche Sätze von ihr waren und welche sie einem Lyriker entwendet hatte. Sie übernahm Tibors Musikgeschmack (Singer-Songwriter mit traurigen Augen und langen Bärten), Tibors Filmgeschmack (Arthouse-Filme, in denen mehr geschwiegen als geredet wurde) und Tibors Essensgeschmack (scharfe asiatische Gerichte mit einer Vielzahl an Gewürzen, die er in Vorratspackungen im Internet bestellte). Das Einzige, was sie wirklich störte, war seine Vorliebe für schnelle Autos. Am Wochenende war er manchmal schon morgens um 6 Uhr hellwach und trug den Fernseher ins Schlafzimmer, um den Start eines Formel 1-Rennens nicht zu verpassen. Er sah sich Videos von amerikanischen Musclecars beim Drifting an, klickte sich durch Bildergalerien von preisgekrönten Tunern und konnte mit Hilfe einer leeren Bierdose die Motorengeräusche eines Lamborghini Gallardo imitieren. Kinga beschrieb mir, wie sie sich jedes Mal die Ohren zuhielt und ein Lied pfiff, wenn Tibor von Autos erzählte. Es war das einzige Hobby, das sie nicht teilten. Kinga fotografierte Tibor so oft wie möglich, und die Polaroids, die sie mir fortan schickte, hatten ein wiederkehrendes Motiv: Tibor in Nahaufnahme kurz nach dem Aufwachen, Tibor beim Gitarre spielen, Tibor beim Kochen eines indischen Currys und Tibor zwischen Bücherstapeln in einem Antiquariat. Dazu kamen Polaroids von Tibors Händen, Tibors Mund, Tibors Füßen, Tibors Ohren, Tibors Bauch – sie hatte alle Körperteile einzeln fotografiert, damit ich sie mir ganz genau vorstellen konnte. Von einem Tag auf den anderen gehörten ihre Tipps zu Liebeskugeln und Gleitgel mit Brombeergeschmack der Vergangenheit an. Ich ertappte mich dabei, wie ich wehmütig wurde und ihre alten Briefe noch einmal las. Ich blieb bei der Episode mit Endre hängen, einem ihrer ersten One-Night-Stands. Sie hatte ihn kurz nach ihrem 18. Geburtstag kennengelernt, als Èva und Csaba ein Wochenende bei Freunden in Esztergom verbrachten. Kinga begann Wochen vorher, den Countdown zu ihren sturmfreien Tagen zu zählen.

Warum steigst du nicht schnell in einen Zug, schrieb sie, es wird Zeit, dass wir uns wiedersehen, beeil dich.

Warum ich nicht gegen den Willen meines Vaters nach Budapest kommen konnte, verstand sie nicht, und ich wusste nicht, wie ich es erklären sollte. Es war wie bei den Ritzen zwischen den Steinen, ich musste mich so vorsichtig wie möglich bewegen, um mögliches Unglück, so gut es ging, fernzuhalten. Ich wusste nicht, was geschehen würde, wenn mein Vater von meinem Geheimnis erfuhr, ich wusste nur, dass es sicherer war, wenn ich es für mich behielt. Ich versteckte die wichtigsten Briefe in einer großen Kiste unter meinem Schreibtisch, zwischen geblümtem Briefpapier und einer Aufklebersammlung, Tierpostkarten und Strickliesl, Notenheften und Schneekugeln. Einige Briefe jagte ich im Arbeitszimmer meines Vaters durch den Schredder, wenn er nicht zu Hause war. Und so ging Kinga ohne mich tanzen. Während ihre ältere Cousine Tünde mit dem Barkeeper flirtete, um endlich seine Telefonnummer in Erfahrung zu bringen, gaben Tündes

Freunde Kinga einen Cocktail nach dem anderen aus, Bauernhochzeit und G. G. Nipples, Mai Tai und Fancy Mauritius, Heartbreaker und Jason The Killer. Endre nippte an seinem Bier und beobachtete Kinga lange aus der Ferne, und als sie spätabends auf die Straße torkelte, holte er ihre Jacke aus der Garderobe und begleitete sie nach Hause.

In meinem Zimmer ging alles sehr schnell, schrieb sie mir später. Selten hätte sie in so kurzer Zeit ihre Klamotten ausgezogen, doch auf der Matratze verringerte Endre auf einmal sein Tempo.

Stell dir vor, schrieb Kinga, er war kein Stück an meinem Körper interessiert und immer wenn ich ihn küssen wollte, drückte er meinen Kopf nach unten, bis ich seinen Schwanz vor Augen hatte.

Am Anfang hatte sie noch mitgespielt und auf ein lohnendes Finale gehofft, doch als er nach zwanzig Minuten noch immer keine andere Position duldete, sei es ihr zu viel geworden. Sie hatte das Fenster geöffnet und Endres Sachen auf die Straße geworfen, die Jeans, das Hemd, die Schnürschuhe, sogar die Socken, nur die Shorts hatte sie freundlicherweise neben dem Bett liegen gelassen. Endre hatte sie ein paar Minuten fassungslos angestarrt, und erst als sie sich einen Bademantel überwarf und ein Glas Milch aus dem Kühlschrank holte, wurde ihm klar, dass sie es ernst meinte. Sie schob ihn durch die Tür nach draußen. Dann hatte sie Pfiffe von der Straße gehört, grölende Jugendliche und eine keifende Nachbarin, sie hatte sich weit aus dem Fenster gebeugt, aber Endre nicht mehr sehen können.

Schabrackentapir

Die Stadt roch nach Motoröl und nassem Hund. Ich rannte zur Haltestelle, wartete im Nieselregen auf die Bahn und stieg in den hintersten Wagen. Eine Frau mit einer akkurat gelegten Dauerwelle setzte sich auf den Platz neben mir und lehnte ein Knie gegen meinen Oberschenkel. Erst als sie mir ihren Ellbogen in die Seite drückte, sah ich die offene Bonbontüte, die sie mir mit einem strahlenden Lächeln entgegenhielt. Ich schüttelte den Kopf, aber sie nahm meine Hand, bog die Finger auf und kippte ein paar Bonbons in die offene Handfläche. Es waren harte Karamellwürfel, die automatisch zwischen den Zähnen kleben blieben, sobald sie beim Lutschen eine bestimmte Größe unterschritten. Ich konnte die Klinik schon von der Bahn aus sehen, das helle mehrstöckige Gebäude am Straßenrand, die Bäume im Hof. Diesmal setzte ich meine Füße vorsichtiger auf den Gehweg und achtete darauf, nicht wieder in die Zwischenräume zu treten. Als Kind hatte ich mühelos von Kachel zu Kachel hüpfen können, doch die schmalen Sandalen von damals waren größer geworden. Ich ging auf Zehenspitzen und hielt mich an den Zaunstreben fest. Vor dem Klinikeingang blieb ich unter einer Robinie stehen. Die Fenster im zweiten Stock waren geschlossen, hin und wieder bewegte sich eine Gardine. Èva hatte mir erzählt, dass Kingas Zimmer zum Eingang hin lag, und ich hätte am liebsten einen Kieselstein gegen die Fensterscheibe ihres Zimmers geworfen, um sie aufzuwecken und mit ihr durch die Stadt zu ziehen. Ich fühlte die dünnen Adern der Blätter zwischen meinen Fingern und merkte, dass meine Füße mir nicht folgen wollten. Ich lehnte mich gegen den Stamm und dachte an meinen Vater, der mich auf Spaziergängen die immer gleiche Formel aufsagen ließ: Kohlenstoffdioxid und Wasser, das auf Chlorophyll und Sonnenlicht trifft, wird zu Kohlenhydraten und Sauerstoff. Wenn ich ihn fragte, was an diesen Blättern so wichtig für ihn sei, sah er lange aus dem Fenster.

Die Bäume können ihre Nahrung selbst herstellen, sagte er schließlich. Stell dir vor, bei einer 100-jährigen Buche treten in einer Stunde 1,7 Kilogramm Sauerstoff aus den Spaltöffnungen der Blätter. Davon könnten 50 Menschen eine Stunde lang atmen.

Nach dem Auszug meiner Mutter saß er meistens bis tief in die Nacht im Arbeitszimmer und las, hin und wieder kopierte er einen Artikel für mich und legte ihn vor meine Zimmertür. So erfuhr ich von den Gould Finken, die sich mit mehreren Männchen paarten und die Samenflüssigkeit getrennt speichern konnten. Erst am Ende entschieden sie, welcher Partner die besten Gene zu haben schien und ihre Eier befruchten durfte. Ich wunderte mich über sein ausgeprägtes Interesse an tierischen Fortpflanzungsmethoden und wusste nicht, was er mir damit sagen wollte. Die großen Themen wie die Leere in der Villa blieben unangetastet, wir näherten uns ihnen nur über Umwege. Ich recherchierte ebenfalls und konterte mit einem Bericht über die Blatthühnchen aus der Familie der Wasservögel. Bei dieser Art lebten die Weibchen mit einem Harem aus drei bis vier Gatten und kümmerten sich nach der Eiablage nicht mehr um ihre Kinder. Der Nestbau, das Ausbrüten der Eier und die Aufzucht waren Männersache.

Ich lief an dem Mann an der Pforte vorbei, ohne mich anzumelden. Je schneller ich lief, desto geringer war die Wahrscheinlichkeit, dass ich wieder umdrehte. Ich erklomm die Stufen zur Intensivstation im zweiten Stock und drosselte mein Tempo erst, als ich den Flur erreichte. Zahlreiche Besucher liefen auf und ab, tippten Nachrichten in ihre Telefone und kneteten ihre Hände. Niemand unterhielt sich. Auf den gelb tapezierten Wänden hingen gerahmte Porträtzeichnungen von ungarischen Wissenschaftlern und Ärzten. Ich blieb am Kaffeeautomaten stehen und warf eine Münze für einen Cappuccino mit Milch und wenig Zucker ein. Ein brauner Plastikbecher rutschte aus dem Automaten, und ich trank langsamer als sonst. Durch die offene Tür glaubte ich Kingas Parfüm riechen zu können und überlegte, ob Èva sie heimlich eingesprüht hatte. Vielleicht hatte sie in einem Ratgeber gelesen, dass Komapatienten schneller aufwachten, wenn sie von vertrauten Gerüchen umgeben waren? Möglich war alles. Ich ließ mich auf den Boden sinken und zählte die Schritte, die mich noch von Kingas Zimmer trennten. Vierzehn? Dreiundzwanzig? Es war schwer abzuschätzen. Zwei Ärzte in grünen Kitteln rollten einen Patienten auf einer Liege an mir vorbei. Als sie auf meiner Höhe waren, sah mir der Patient mit blutleeren Augen ins Gesicht und streckte seine Hand nach mir aus. Das zur Seite gerutschte Laken entblößte eine offene Fleischwunde an seinem Oberschenkel. Ich folgte dem Piktogramm zur nächsten Toilette und übergab mich. Meine Beine zitterten und ich war froh, dass mich niemand sah, die Ärztetochter, die kein Blut sehen konnte. Am Waschbecken kippte ich mir kaltes Wasser ins Gesicht und sah im Spiegel mein blasses Gesicht, die Schweißperlen auf der Stirn.

Ich ließ mich im Klinikhof ins Gras sinken und lehnte den Kopf an den Stamm der Robinie. Vom Balkon pfiff mir ein rauchender Patient zu, offenbar gefielen ihm meine dünnen Beine, die unter dem Rock hervorragten. Unter der durchsichtigen Strumpfhose zeichnete sich die Gänsehaut ab, ich sah aus wie ein gerupftes Hühnchen. Èva und Csaba wussten nicht, dass ich Kingas Zimmer noch immer nicht betreten hatte. Ich verstand ja selbst kaum, warum ein Bannkreis um die Klinik lag und meine Füße mich nicht zu Kinga trugen. Die Kinga, die ich suchte, steckte sich Pommes in die Ohren und war mir immer einen Schritt voraus. Ich war mir nicht sicher, ob ich mit einer Kinga, die unter einem weißen Laken lag und mir nicht mehr weiterhelfen konnte, umgehen konnte. Ich schob mir die restlichen zwei Karamellwürfel in den Mund, und als sich die Sonne für einen Moment zwischen den Kumuluswolken hervordrängte, schloss ich die Augen.

Ich sah meinen Vater vor mir stehen, im Garten unserer Villa, die Füße in Socken und Sandalen, in der Hand einen Rechen, mit dem er die Wiese säuberte, Quadratzentimeter für Quadratzentimeter. Er vertrieb mich regelmäßig von meinen Sonnenplätzen und warnte mich vor der unsichtbaren ultravioletten Strahlung, die in meine Haut eindringen und das Zellgewebe schädigen würde.

Eines Tages wirst du mir dankbar sein, sagte er, ganz bestimmt.

In diesen Momenten war Carolina Gold wert. Sie sang so laut im Wohnzimmer, dass mein Vater von mir abließ und zu ihr hineinging. Da Carolina noch weniger Englisch verstand als Deutsch, erfand sie eine Fantasiesprache und trällerte die Lieder lautmalerisch vor sich hin. Mein Vater lief zur Anlage und stellte leiser. Sobald er sein Arbeitszimmer erreicht hatte und die Tür hinter sich schloss, blinzelte Carolina mir zu und drehte den Regler wieder hoch. Ich hatte ihr zum Geburtstag eine CD von David Hasselhoff geschenkt, mit Erfolg. An manchen Tagen schaltete sie den Fernseher ein und sah sich eine Folge Baywatch an. Sie beugte sich dann weit vor und verfolgte das Geschehen so gespannt, als würde sie direkt am Strand stehen.

Als ich die Bahn kommen sah, sprintete ich über die Straße zur Haltestelle, ich ließ mich auf einen Fensterplatz sinken und zog mit einem Finger die Spuren nach, die der Regen auf den Scheiben hinterließ. Wenn ich die Augen schloss, verschwand das schlechte Wetter und ich sah Kinga und mich die schmalen Wege am Balaton entlanglaufen. Im Garten einer Ferienwohnung war damals eine Wäscheleine von Baum zu Baum gespannt und da weit und breit niemand zu sehen war, kletterte Kinga über den Zaun. Sie schnappte sich einen geblümten Bikini und einen hellblauen Badeanzug, beides in Größe XXL. Am Ufer zogen wir das Diebesgut über unsere Sommerkleider. KINGA UND ANNA AM BALATON, schrieb Kinga in den Sand und dann legten wir uns neben den Schriftzug und ließen uns von einem Passanten fotografieren, der uns anschließend für verrückt erklärte. Ich versuchte, mich an diesen Urlaubsgeruch aus Sonnenmilch, Kirschblüten und Frittierfett zu erinnern, den wir doch niemals vergessen wollten. Ein Auto hupte, Bremsen quietschten und die Bahn blieb abrupt stehen.

Ich öffnete die Augen wieder. Auf den Sitzen vor mir saßen ein Junge und ein kleines Mädchen, die sich kichernd zu mir umdrehten. Erst da erkannte ich die Nachbarskinder. Sie streckten mir ihre offenen Handflächen entgegen und ich klatschte sie ab. Nach dem Ausstieg aus der Bahn liefen die Kinder neben mir die Straße entlang, ihre Mutter lief mit schnelleren Schritten voraus. Das Mädchen legte seine Hand in meine und der Junge hakte sich auf der anderen Seite bei mir unter, als wären wir alte Bekannte. Als wir das dunkle Haus erreichten, in dem sich die Wohnung von Èva und Csaba befand, holte ich den Schlüssel aus der Tasche und die Mutter zog ruckartig ihre Kinder von mir fort.

Lassen Sie das, sagte sie, Sie können mir meine Kinder nicht wegnehmen.

Ich fuhr zurück und wollte mich rechtfertigen, da hatte sie mir schon den Rücken zugedreht und stapfte davon.

Da ist eine Diebin, hörte ich sie rufen, als ich den Schlüssel im Schloss umdrehte, gebt Acht, es wohnt eine deutsche Diebin im Haus.

Im Flur war das Licht ausgefallen und ich stolperte vorsichtig die Treppe nach oben, streckte eine Hand zum Schutz nach vorne aus und tastete mit der anderen die Wand entlang, Stufe für Stufe.

Aus dem Wohnzimmer kam laute Musik. Èva tanzte mit kleinen Schritten, den Blick auf den Boden gerichtet. Sie bemerkte mich nicht.

It's a new dawn, it's a new day, sangen Nina Simone und Èva, *it's a new life for me and I'm feeling good.*

Èva traf die Töne mit einer Genauigkeit, die mich überraschte. Erst in der Pause vor dem nächsten Lied öffnete sie die Augen, sah auf und erschrak. Ihre Wimperntusche war verschmiert, die dunklen Flecken verstärkten ihre Augenringe. Sie kam auf mich zu und zog mich in die Küche. Im Gehen befeuchtete sie einen Zeigefinger mit Spucke und wischte damit so lange über die Haut unter den Augen, bis die Tuschereste verschwanden.

Das war Kingas Lieblingsmusik, sagte Èva und goss Wasser in einen altmodischen Kessel mit pfeifendem Aufsatz, den sie auf den Herd stellte. Kinga konnte stundenlang Nina Simone hören. Wenn sie uns besuchte, dröhnte ihre Musik durch die ganze Wohnung, bis Csaba gegen ihre Zimmerwand trommelte und um Gnade bat.

Èva zog ein Glas einer ihrer Teemischungen aus dem Regal. Die Kräuter stammten aus dem winzigen Garten, den Èva sich mit den anderen Hausbewohnern teilte. Zum Trocknen band sie die Kräuter zu dicken Büscheln, die sie im Keller zwischen den Wäscheleinen an den Rohren befestigte. Manchmal beschwerte sich einer der Nachbarn über den Thymian-Geruch seiner Hemden oder den Pfefferminzduft seiner Unterhosen und dann musste Èva zur Besänftigung eine Flasche selbst gemachten Likör oder einen Kuchen vor die Tür des Nachbarn stellen, damit er für eine Weile Ruhe gab und die Kräuter nicht in der Mülltonne entsorgte.

Weißt du noch, diesen Tee haben wir am Balaton getrunken, als du so getan hast, als wärst du krank …

Natürlich erinnerte ich mich. Nicht nur an ihren Kräutertee. Auch an die bunten Strohhalme, mit denen wir unsere Getränke schlürften. An den dicken Mann von der Wasserwacht, der laut applaudierte, wenn Kinga und ich bei einem Handstand im See nicht sofort umfielen, und an die aufblasbaren Schwimmtiere, die Kinga und ich den anderen Kindern im Wasser wegnahmen, um uns auf der spiegelglatten Wasseroberfläche zu sonnen wie verwöhnte Hollywoodstars in ihrem Privatpool.

Ich wärmte meine Hände an der Tasse, und Èva erzählte, dass sie seit Kingas Unfall alles mit anderen

Augen sah. Sie höre manchmal, wenn ein Vogel vor dem Fenster mit den Flügeln schlug oder wie einer Frau auf der Straße ein Knopf von der Jacke sprang, über den Asphalt rollte und in einer Pfütze liegen blieb. Sie sprach mit einem solchen Nachdruck, dass mein Schmunzeln über ihre Ausführungen sich schnell verflüchtigte. Wenn Csaba sich vor ihr auf den Weg zur Arbeit machte, begannen ihre Tagträume. Sie sehe dann, wie Kinga durch die Wohnung stürmte, Türen laut ins Schloss fallen ließe und die Musik aufdrehte. Èva stellte die Teetasse ab, schlug sich in den Magen, wieder und wieder. Ich griff nach ihrem Arm und bekam einen der Schläge ab. Èva entschuldigte sich.

Wie geht es deinem Freund, fragte sie.

Ich stutzte. Die erfundene Beziehung war mir immer wie eine Notlüge vorgekommen, wie eine Notwendigkeit, um von meinem sonst so ereignislosen Alltag abzulenken. Ich wollte die Geschichte nicht fortsetzen, nicht mehr. Es gab ohnehin nicht viel zu erzählen von Simon und mir. Lange Zeit hatte Simon jedes Wochenende unangekündigt vor meiner Wohnungstür gestanden und den Finger nicht von der Klingel genommen, auch wenn ich ihm im Bademantel mit zerzausten Haaren öffnen musste. Er drängte sich dann an mir vorbei, sprang mit Schuhen auf mein Bett und hüpfte auf und ab, bis ich ihn mit frischem Kaffee in die Küche lockte. Er drehte das Radio auf, und wir tanzten zu einem dieser Charthits, während er mir den Text ins Ohr sang. Er kannte die Lieder, weil er in den Theaterwohnungen den ganzen Tag den Fernseher laufen ließ und sich stundenlang Musikvideos ansah, obwohl oder gerade weil das aufgeschlagene Textbuch auf dem Tisch lag und ihn an die langen Monologe erinnerte, die er immer noch nicht auswendig kannte. Bis kurz vor den Endproben, eine Woche vor der Premiere, war er auf die Souffleuse angewiesen. Zu den Proben brachte er Pralinen mit, um das Ensemble versöhnlicher zu stimmen und von seinen holprigen Textkenntnissen abzulenken. Wenn er das Textbuch mit zu mir brachte, setzten wir uns in meine Korbsessel und ich las ihm Satz für Satz seine Monologe vor, damit er sie wiederholen konnte. Es kam vor, dass ich auf der Premiere lautlos seinen Text mitsprach und meine Sitznachbarn mir seltsame Blicke zu warfen. Simon war nicht in der Lage, sich lange zu konzentrieren, er sprang zwischendurch auf, um uns neuen Kaffee zu kochen oder in meinen Schränken nach einer Tafel Schokolade zu suchen. Manchmal gab er es auch ganz auf und warf mir meine Jacke zu. Mit den Rädern fuhren wir zum Zoo, wo die Ticketverkäufer uns bereits kannten und in Gespräche über die Neuigkeiten in den Gehegen verwickelten, bevor sie uns das Drehkreuz passieren ließen. Zielstrebig liefen wir an den Schimpansen und Gorillas vorbei, sahen uns die Eisbären nur aus den Augenwinkeln an und schoben uns an den Familien mit tropfenden Eiswaffeln vorbei, bis wir bei Pablo landeten.

Pablo ist wie ich, sagte Simon, von weitem sieht er aus wie ein großes Wildschwein und niemand würde vermuten, dass er zur Familie der Pferde und Nashörner gehört.

Du bist doch kein Schabrackentapir, sagte ich.

Ich bin nicht so weit von Pablo entfernt, wie du denkst, sagte Simon und schwenkte schwerfällig den Kopf hin und her, als wären seine Oberlippe und Nase wie bei Pablo zu einem kleinen Rüssel verwachsen. Die Kinder in unserer Nähe, die Simon neugierig beäugten, unterhielt ich mit meinen Frage-Antwort-Spielen.

Warum zählt Pablo zu den Unpaarhufern?

Weil er eine ungerade Anzahl an Zehen hat.

Wie schwer kann Pablo in seinem Leben werden?

Bis zu 320 Kilogramm.

Und woher kommt der Name Schabrackentapir?

Weil seine weiß abgesetzte Rückenpartie an die rechteckige Satteldecke erinnert, die Reiter ihren Pferden überwerfen und die sie Schabracke nennen.

Simon zog mich weiter und wir kauften uns am Kiosk viel zu süße Limonade, mit der wir uns auf eine der Bänke setzten. Wir beobachteten die vorbeiziehenden Paare und ordneten sie in unsere Kategorien ein: Frisch verliebt, häuslich verliebt oder auseinander geliebt. Seine Eltern hatten lange gemunkelt, dass wir zusammen waren, Simon und ich, und vermutlich hatten sie längst mit einem Gläschen Kir Royal auf die gute Partie ihres Sohnes angestoßen, bis Simon ihnen kurz vor dem Abitur einen Strich durch die Rechnung machte und seinen ersten Freund vorstellte, mit dem er auf dem Abiball Walzer und Cha-Cha-Cha tanzen wollte, einen Handelsfachpacker, der mit der Mittleren Reife unser Gymnasium verlassen hatte. Simons Eltern luden mich heimlich zu einem Gespräch in ihrem Wohnzimmer ein, wo sie mir neuseeländisches Gletscherwasser einschenkten und mich anflehten, ihrem Sohn noch eine Chance zu geben. Sie boten mir eine Menge Geld, bis ich ihnen glaubhaft versichern konnte, dass ich diesbezüglich ganz und gar machtlos sei. Als Simon kurz nach dem Abiball auffiel, dass der Handelsfachpacker den Unterschied zwischen einem Wildschwein und einem Tapir nicht kannte und dass er darüber hinaus kein Interesse hatte, ein Theater von innen zu sehen, nahm seine erste Beziehung ein abruptes Ende. Wer denn mein Handelsfachpacker sei, wollte Simon in den Jahren darauf regelmäßig wissen. Erst als ihm klar wurde, dass ich noch immer für Tom Hanks schwärmte und niemanden sonst, gab er auf. Ich konnte nicht nur so lange aus *Forrest Gump* zitieren, bis Simon im Café die Augen verdrehte, die Rechnung übernahm und mich nach draußen schob, ich hatte auch alle Filme gekauft und zu Hause aufgereiht. Von *Panische Angst, Alles hört auf mein Kommando* und *Liebe ist ein Spiel auf Zeit* zu *Scott & Huutsch, Schlaflos in Seattle* und *Cast away*. 32 Filme.

Mit dieser Kollektion findest du niemals einen Freund, sagte Simon und er behielt Recht. Er selbst hatte aus der Sache mit dem Handelsfachpacker gelernt und suchte sich nur noch Freunde, die am Theater arbeiteten. Er erwähnte sie nur am Rande, im gleichen Tonfall, in dem er mir von einer merkwürdigen Ausstellungseröffnung erzählte oder von einem Buch, das er nur bis zur Hälfte gelesen hatte und ich verstand nie, was sie ihm bedeuteten, ob er am Ende des Tages an sie dachte oder an mich. Wie viel er mir verschwieg, fand ich zufällig heraus. Nach einer Premiere wollte ich ihm in seiner Garderobe gratulieren. Sein Platz vor dem Spiegel war leer, doch die Tür zum Bad stand offen. Ich sah Simon zwischen dem Regisseur des Abends und einer Schauspielerin stehen, sie lehnten sich an die Duschkabine, die Körperteile eng verschlungen, alle drei waren nackt. Als sie mich entdeckten, fuhren sie zusammen und wickelten sich Handtücher um die Hüften. Simon sah mir nicht in die Augen.

Herzlichen Glückwunsch, sagte ich betont laut und lief zurück ins Foyer. Ich bestellte an der Bar ein Glas Sekt und trank es in einem Zug leer. Ein paar Kollegen, die ich flüchtig von anderen Feiern kannte, erzählten mir, dass Simon seit mehr als einem Jahr mit dem Regisseur zusammen sei, dass er die Wochenenden oft in dessen Häuschen auf dem Land verbringe, sich mit ihm ein Auto teile. Die blonde Schauspielerin heiße Luisa, erklärten sie mir, sie gehe nach der Probe oft mit Simon tanzen, und er müsse dann gut auf sie aufpassen, da sie keinen Alkohol vertrage, wirklich gar keinen. Ich verstand nicht, warum ich davon nichts mitbekommen hatte, warum Simon die beiden in den Wochen vor der Premiere mir gegenüber nicht einmal in einem Nebensatz erwähnt hatte.

Ich hatte immer geglaubt, dass Freundschaften, im Gegensatz zu Liebschaften, eher langsam und über die Jahre ausdünnten, so wie der Stoff von Sesseln und Liegen abrieb. Doch auch Freundschaften konnten auf einen Schlag zu Ende gehen, mit einem lauten Knall, auf den nur eine lange Stille folgte, sonst nichts. Nach der Premiere hatte Simon sich nicht mehr bei mir gemeldet, schickte keine Entschuldigung, nichts. Ich saß stundenlang in meiner Küche und sah aus dem Fenster, während der Frühstückskaffee durch einen Porzellanfilter in meine Tasse tropfte. Ich las in dicken Büchern wie Musils *Mann ohne Eigenschaften* oder *Ulysses* von James Joyce und verstand nicht, worum es ging. Im Radio liefen die ganze Zeit Nachrichten, ich hatte *B5 aktuell* eingestellt, weil es der einzige Sender war, auf dem mit Sicherheit keines der Lieder lief, das mir Simon ins Ohr gesungen hatte. Ich setzte mich auf den Boden und schrieb an den Kühlschrank gelehnt endlose Briefe an Kinga, in denen ich so lange meinem Ärger Luft machte, bis ich auf Seite 20 angekommen war und nicht mehr wusste, worauf ich hinauswollte. Ich zerknüllte die Blätter und ließ sie auf dem Boden liegen. Als Simon nach wochenlanger Funkstille doch noch anrief, nahm ich nicht ab und gab ihm in meinem Telefonspeicher einen neuen Namen: Schabrackentapir. Es folgten 27 Nachrichten, in denen er sich entschuldigte und erklärte, wie sehr er sich schämte, er habe auf der Premierenfeier einfach viel zu viel getrunken. Ich antwortete nicht. Er wechselte den Tonfall und erkundigte sich, ob ich verloren gegangen wäre und als er schrieb, dass er bis zum Nanga Parbat laufen würde, um mich zurück zu holen, wurde ich weich, obwohl ich doch wusste, dass es nur einer seiner Sprüche war, nicht mehr und auch nicht weniger. Wir saßen uns am Tisch gegenüber, und Simon strich mir über den Arm, er berichtete von seinen Proben, aber nicht vom Regisseur und von der Schauspielerin, und die Pausen zwischen seinen Sätzen waren länger als in unseren guten Zeiten. Wenn ich von einem seltsamen Kollegen in der Bäckerei oder einem neuen Rezept erzählte, tippte er nebenbei eine Nachricht in sein Handy. In den Wochen vor meiner Abreise ging ich alleine in den Zoo, beobachtete die Hängebauchschweine, die Faultiere und die Erdmännchen und machte einen großen Bogen um Pablos Gehege. Nur was ich davon Èva erzählen konnte, war mir schleierhaft. Ich rührte Honig in meinen Tee, bis Èva meine Hand festhielt.

Das waren sieben Löffel, sagte sie, was ist denn los mit dir?

Es ist vorbei, sagte ich und die Worte schlüpften aus meinem Mund, bevor ich richtig darüber nachdenken konnte.

Èva legte ihre Hand auf meinen Arm.

Hat er sich von dir getrennt?

Ich drehte den Deckel auf das Honigglas und stellte es zurück in das Regal.

Er hat eine andere gefunden, sagte ich.

Èva wartete einen Moment, als wüsste sie nicht, ob sie die Geschichte mit Simon weiter kommentieren sollte oder ob es besser war, nicht weiter nachzuhaken.

Ich weiß noch gar nicht, wie ihr euch kennengelernt habt, Csaba und du?

Im Krankenhaus, antwortete sie nach einer Weile. Es war meine erste Stelle nach der Ausbildung. Csaba hatte eine Blinddarm-Operation hinter sich und er war so wehleidig, Anna, das kannst du dir nicht vorstellen. Ständig klingelte er nach mir, viel öfter als alle anderen Patienten. Erst als er bei der Entlassung eine Kollegin von mir bat, mir einen Zettel zu geben, war es ganz klar.

Was stand denn drauf?

Seine Telefonnummer. Ich habe den Zettel an meinen Spiegel gehangen und ihn mir nach dem Aufstehen immer genau angesehen. Eine Nummer hatte ich noch nie zugesteckt bekommen. Ich schminkte mich, bevor ich das Telefon in die Hand nahm, doch dann legte ich auf, bevor das erste Freizeichen ertönte.

In diesem Moment drehte Csaba den Schlüssel in der Tür herum und kam mit der Aktentasche zu uns in die Küche. Èva verstummte, und wir warfen uns einen verschwörerischen Blick zu, wie zwei Schwestern, die die geklauten Kirschen aus dem Nachbarsgarten vor ihren Eltern in den Taschen versteckten.

Redet ihr über mich, fragte Csaba.

Ich erzähle Anna, wie ich den Zettel mit deiner Telefonnummer bekommen habe.

Hast du erwähnt, wie lange ich auf einen Anruf warten musste? Die ersten Tage nach meiner Entlassung saß ich erwartungsvoll vor dem Telefon, ging kaum nach draußen. Ich ernährte mich von den Resten in meiner Küche. Nach einer Woche gab ich das Warten auf und fuhr mit dem Bus zum Krankenhaus. Ich beobachtete jede Frau, die nach draußen kam, aber Èva war nie dabei.

Èva lächelte verlegen, nahm sich das Honigglas und nun ließ sie die zähe Flüssigkeit vom Löffel in ihre Tasse tropfen.

Ich überlegte, mit welcher Krankheit ich mich ins Krankenhaus einliefern lassen könnte, um wieder auf ihrer Station zu landen, aber dann hatte ich doch zu viel Angst davor, mich selbst zu verletzen. Als sie mich nach zwei Wochen endlich anrief, fiel mir fast der Hörer aus der Hand. Vor Aufregung hörte ich ihr kaum zu und musste sie alles wiederholen lassen. Es war entsetzlich. Aber irgendwie verabredete sie sich trotzdem mit mir zu einem Spaziergang auf der Margaretheninsel.

Und dann wart ihr ein Paar?

Csaba lachte laut auf.

Das dauerte länger, viel länger. Wir trafen uns alle paar Tage und drehten unsere Runden auf der Insel. Bis uns die Kioskbesitzer grüßten und uns die Jogger zunickten, wenn sie uns überholten. Nach siebzehn Spaziergängen willigte Èva ein, mich ihren Eltern vorzustellen. Ich musste mehrere Monate lang jeden Sonntag mit ihr zum Mittagessen zu ihren Eltern fahren, bis ihr Vater schließlich einverstanden war. Und wir heiraten konnten.

Èva drehte im Wohnzimmer die Musik auf, und während wir einträchtig zu dritt Gemüse kleinschnitten, sang Nina Simone für uns:

Fish in the sea, you know how I feel. River running free, you know how I feel. Blossom on the tree, you know how I feel.

Ich betrachtete uns von oben, wie wir uns auf engstem Raum bewegten, ohne uns in der Quere zu sein, wie

Csaba pfiff und im Takt den Kopf bewegte und wie Èva ihn dabei ansah. Auf Zehenspitzen verließ ich die Küche, holte die Polaroid-Kamera aus meinem Zimmer und fotografierte sie genau in dem Augenblick, als sie sich mit gespitzten Lippen küssten. Der Blitz schreckte sie auf.

Du bist ein … Csaba stockte mitten im Satz und suchte nach einem Wort. Er besprach sich kurz mit Èva auf Ungarisch und verschwand für einen Moment im Wohnzimmer.

Paparazzi, rief er mit dem Wörterbuch in der Hand, und ich wedelte das Polaroidfoto durch die Luft, bis Èvas und Csabas Köpfe sich von dem dunklen Hintergrund abhoben.

Paparazzi, Paparazzi. Csaba wiederholte das neue Wort so lange, bis Èva ihn wie eine lästige Fliege abwimmelte und mir das Foto aus der Hand nahm.

Darf ich das behalten, fragte sie und steckte es, ohne meine Antwort abzuwarten, unter den hölzernen Spiegelrahmen im Flur, neben die Telefonnummer des Arztes, der für Kingas Behandlung zuständig war. Csaba setzte sich ins Wohnzimmer, holte einen Stapel Zeitungen hervor und schnitt einzelne Artikel aus, die er in ein Album klebte. Das Licht war schummrig, die Glühbirne der Deckenlampe war durchgebrannt und sie hatten keinen Ersatz mehr. Èva hatte alle Stehlampen aus der Wohnung zusammengetragen und in Kreisform neben dem Sofa platziert, eine Installation, die ihresgleichen suchte.

Was wird das, fragte ich und Csaba sah mich mit kleinen Augen an, die Brille in der Hand.

Ich sammle die Artikel, in denen ein Journalist die Umbrüche in Ungarn lobt, sagte er. Seit Wochen schreibe ich Leserbriefe an die Redaktionen und veröffentliche Kommentare auf ihren Webseiten, ich fordere eine ausgewogene Berichterstattung und weise auf die Demonstrationen gegen die Fidesz-Regierung hin, die in fast keinem der Artikel erwähnt werden. Ich bitte Blogger, die Missstände publik zu machen, aber es gibt immer weniger kritische Stimmen im Land.

Drucken sie wenigstens deine Leserbriefe ab?

Keinen einzigen. Aber ich mache weiter. Ich werde solange weitermachen, bis meine Briefe ein Redaktionsbüro füllen und sie mich nicht länger ignorieren können.

Er riss ein Stück aus der Zeitung und schrieb mir die Nummer von Kingas Freund auf.

Ich habe ein schlechtes Gewissen, weil wir den ganzen Tag arbeiten, sagte er, vielleicht kann Tibor dich durch die Stadt führen. Er ist seit Monaten auf der Suche nach einer Arbeit und hat viel Zeit. Kümmerst du dich um ihn, Anna, lenkst du ihn ab. Das wird ihm helfen. Und dir auch.

Ich steckte den Zettel in meine Tasche und als ich wieder aufsah, saß Csaba schon wieder in seinem Sessel und war hinter der ausgebreiteten Zeitung verschwunden.

Paparazzi, Paparazzi, murmelte er.

Tornado

In einem dieser durchsichtigen Regencapes, die wie eine zweite Haut am Körper kleben, lief ich durch Budapest, vorbei an den Touristen, die sich lächelnd vor den Sehenswürdigkeiten fotografieren ließen (vor dem Parlament, vor der Akademie der Wissenschaften, vor dem Pariser Hof).

Köszönöm szépen, sagte ich, als mir der Verkäufer in einem Buchladen ein paar Karten in eine Papiertüte einpackte.

Tibor hatte sein Stativ vor einem Brunnen neben der Basilika aufgebaut, er trug ein ähnliches Regencape und fokussierte ein Hochzeitspaar auf den Brunnenstufen. Der Mann ließ die Schultern hängen, die Frau hatte eine tiefe Falte auf der Stirn und verbarg mit der Hand einen Fleck auf ihrem Brautkleid. Tibor winkte das Paar näher zusammen. Die Frau stieß ihrem Mann mit dem Ellenbogen in die Seite, vor Schreck trat er auf ihre Füße. Die beiden sahen aus, als hätten sie gerade ihr Haus durch einen Tornado verloren. Als das Paar lange genug vor der Linse gestanden und kein einziges Mal gelacht hatte, wickelte die Frau ihre nasse Schleppe ein und folgte ihrem Mann mit Trippelschritten zum Auto.

Du bist so klein, dass man dich nicht übersehen kann. So hat Csaba dich beschrieben. Und es stimmt, sagte Tibor.

Er hatte das Stativ zusammengeklappt und stand mit geschulterter Kameratasche vor mir. Er umarmte mich so vorsichtig, als hätte er Angst, ich könnte zerbrechen.

Habt ihr in Ungarn kein Wort für Ameisenscheiße? Er sah mich ratlos an.

Alte Fotografenregel aus Deutschland, sagte ich, wer Ameisenscheiße sagen muss, lacht auf jeden Fall.

Das Paar wollte nicht einmal Cheese sagen. Jedes Mal nehme ich mir vor, keine Hochzeiten mehr zu fotografieren. Und wenn die Anfragen kommen, kann ich nicht absagen. Seit meinem Abschluss geht das schon so. Niemand sucht einen ungarischen Germanisten, aber geheiratet wird ständig.

Tibor ging einfach los, mit großen Schritten. Wir liefen an einer Gruppe Amerikaner vorbei. Ich konnte Tibor kaum folgen und zog an seiner Kameratasche, um sein Tempo zu verlangsamen. Eine Touristin zeigte mit dem Finger auf mich und alle in der Gruppe richteten ihre Kameras auf uns, offenbar nur, weil ich zwei Köpfe kleiner war als Tibor.

Als Erstes musst du Dobostorte essen, sagte Tibor, als wir nach einem Zickzackkurs durch die Innenstadt eine verlassene Straße erreichten. In einem Café mit kleinen Fenstern bestellte Tibor noch im Stehen für uns beide und wechselte ein paar Worte mit der Kellnerin, er reihte die Wörter so schnell aneinander, dass ich mich fragte, wie ich diese Sprache jemals beherrschen sollte. Wir setzten uns an einen Tisch unweit der Bar, ein Beamer projizierte einen alten Charlie-Chaplin-Film an die Wand und mein Blick wanderte von Tibor zur Projektion und zurück. Tibor trug ein beiges T-Shirt zu einer engen braunen Cordhose und seine Haare hingen weit in die Stirn, sie waren viel länger als auf Kingas Polaroids. Ich beobachtete ihn aus den Augenwinkeln, die schmalen Oberarme, die Hände mit den langen Fingern. Er sieht aus wie ein Klavierspieler, hatte Kinga geschrieben, aber er spielt kein einziges Instrument. Die Sommersprossen auf Tibors Nase erinnerten mich an Bence vom Balaton und auf einen Schlag sah ich uns in einem weißen Tretboot sitzen, Kinga mit ihrem Freund in der vorderen Reihe und ich direkt hinter ihnen, allein.

Schweigend sahen Tibor und ich Charlie Chaplin dabei zu, wie er in *Moderne Zeiten* nervös am Fließband auf und ab rannte oder sich aus einer riesigen Maschine befreite. Simon hätte mich bei so einem Treffen mit Fragen bombardiert, er hätte keine Pause zugelassen und mich erst über meine Familie und meine Arbeit ausgefragt, bevor er sich nach den Filmen, Liedern und Büchern erkundigt hätte, die ich mir in den letzten Monaten gekauft hatte. Aber Tibor schwieg. Ich suchte nach Worten während Charlie Chaplin mit einem Schraubenschlüssel in der Hand eine dicke Frau auf der Straße verfolgte. Die Bedienung stellte ein Tortenstück mit einem Deckel aus Karamell auf unseren Tisch und verwickelte Tibor in ein längeres Gespräch, von dem ich kein Wort verstand. Ich versuchte vergeblich mit der Gabel, ein Stück von der Torte abzutrennen.

Ein ungarisches Meisterwerk, sagte Tibor und zeigte auf die harte Kruste.

Vorsichtig zerteilte er die Karamellschicht für mich, und die Kellnerin brachte ein weiteres Stück Torte an unseren Tisch.

Darf ich vorstellen? Lúdlábtorte, sagte Tibor. Übersetzt heißt das Gänsefußtorte. Aber frag mich nicht warum.

Er beugte sich vor und schob mir ein Stück in den Mund. Ich schmeckte Schokoladenmousse, Kirschen und noch einmal Schokoladenmousse. Abwechselnd aß ich Dobostorte und Lúdlábtorte, bis ich nicht mehr konnte und Tibor sich um die Reste kümmern musste. Ich griff die Polaroidkamera und begann, einen neuen Film einzulegen.

Keine gute Idee, sagte Tibor, weißt du nicht, das Kinga mich kurz vor dem Unfall fotografiert hat?

Ich weiß nur, dass Kinga nach dem Zusammenstoß im Auto eingeklemmt war, sagte ich und ließ die Kamera in meinen Schoß sinken. Bist du etwa gefahren?

Er nickte und ich war nicht sicher, ob ich nachfragen sollte. Bei meinem Glück würde er dann aufstehen, das Café verlassen und sich so schnell nicht wieder blicken lassen. Die Absätze der Kellnerin klapperten über die Holzdielen, neben uns unterhielt sich ein französisches Ehepaar über den Papst und auf der Straße betrachtete ein Mädchen ihr Spiegelbild in der Fensterscheibe. Ich zählte so lange die Schnapsflaschen über der Bar, bis das Ergebnis nicht mehr variierte – 23.

Wie lange willst du bleiben?

Bis sie aufwacht, sagte ich.

Und wenn das noch Monate dauert?

Gab es darauf eine richtige Antwort? Ich fragte mich, ob er sich lieber mit Menschen umgab, die an ein baldiges Ende des Komas glaubten oder ob er es vorzog, wenn ich keine konkreten Aussagen machte und einfach abwartete. Ich konzentrierte mich auf eine Haarsträhne, die sich aus meinem Zopf gelöst hatte. Die Kellnerin lief von Tisch zu Tisch, zündete die Teelichter an und strich über die Tischdecken. Ich hatte das Gefühl, dass sie uns beobachtete.

Wartet zu Hause niemand auf dich?

Mein Chef. Meine Familie. Aber im Moment ist es besser unterwegs zu sein.

Dann bist du wie mein Vater.

Was ist mit ihm?

Hat Kinga dir nicht von ihm erzählt?

Ich schüttelte den Kopf und verschwieg lieber, dass Kingas Briefe fast ausschließlich von Liebesdingen handelten.

Er war einer der beliebtesten Radiomoderatoren, aber seit er aus Protest gegen die Mediengesetze der neuen Regierung live eine Schweigeminute eingelegt hat, ist es aus. Er hat Sendeverbot und kein anderer Sender kann ihn unter Vertrag nehmen, nicht in der momentanen Situation. Alle fragen nur noch, ob du für oder gegen die Regierung bist. Gute Quoten hin oder her.

Und ihr könnt nichts gegen die Kündigung machen?

Wir haben Flugblätter verteilt, Protestbriefe geschrieben und Demonstrationen organisiert, aber wenn du den Fernseher anschaltest, kommt nichts davon in den Nachrichten. Nur die Reden von Orbán sind überall zu sehen.

Tibor strich mit einer Hand über die Tischdecke, wieder und wieder, bis der Zuckerstreuer umfiel und sich der Fülltrichter löste. Gemeinsam schaufelten wir den Zuckerberg zurück in den Streuer.

Und was macht dein Vater jetzt?

Tibor faltete die Hände ineinander und legte sie vor sich auf dem Tisch ab, als würden sie nicht zu dem Rest seines Körpers gehören.

Er läuft ungewaschen durch die Stadt und spielt Schach mit Fremden. Wenn ich ihm zufällig über den Weg laufe, verstecke ich mich jedes Mal hinter einem Kiosk oder betrete schnell einen Laden. Er hat einen so wirren Blick, ich bin nicht sicher, ob er mich auf der Straße erkennen würde.

Heißt das, du redest nicht mehr mit ihm?

Einmal die Woche treffen wir uns in seinem Lieblingscafé und streiten uns, wer die Rechnung bezahlt.

Die Kellnerin brachte Tibor ungefragt frischen Kaffee. Im Vorbeigehen strich sie ihm mit dem Zeigefinger über den Rücken und er erschrak. Ich studierte den Kaffeesatz in meiner Tasse und fragte mich, warum ich keinen Nachschub bekam.

Sogar Zoltán glaubt daran, fuhr Tibor aufgeregt fort. In den meisten Familien, die ich kenne, darf Politisches gar nicht mehr erwähnt werden, so tief ist der Riss zwischen den Lagern.

Wer ist Zoltán?

Mein ältester Freund. Stell dir vor, seine Augenbrauen sind über der Nase zusammengewachsen. Wir saßen vom ersten Schultag an nebeneinander. Als wir viele Jahre später unsere Abiturzeugnisse bekommen hatten, warfen Zoltán und ich Knallerbsen ins Lehrerzimmer und brachen außerdem ins Hallenbad ein, wobei uns der Hausmeister erwischte und uns zur Strafe die Duschen putzen ließ.

Die Kellnerin nahm eine Nelke aus der Vase an der Bar, pflückte die Blüte vom Stängel und steckte sie sich in ihre langen braunen Haare, die sie zu einem Knoten gebunden hatte.

Seht ihr euch noch?

Nicht mehr so oft wie früher. Wenn wir uns treffen, reden wir über meine Stellensuche oder seine Arbeit am Gymnasium und wenn uns nichts mehr einfällt, über die Neuerwerbungen im Antiquariat von meinem Onkel und meiner Tante oder die Kochrezepte von Zoltáns Großeltern. Wir erwähnen weder meinen Vater noch Zoltáns Mitgliedschaft in der Fidesz-Partei. Vielleicht ist das falsch. Aber etwas Besseres ist mir noch nicht eingefallen.

Die Kellnerin blickte nach unten, auf das Geschirrtuch in ihrer Hand, mit dem sie schon seit Minuten ein Weinglas polierte.

Das ist übrigens Judit, sagte Tibor mit gesenkter Stimme, Kingas beste Freundin.

War das nicht ich? Ich ging die Namen durch, die Kinga in ihren Briefen erwähnt hatte, eine Judit war nur am Rande vorgekommen, da war ich mir sicher. In den letzten Monaten hatte Kinga außer Tibor nur die Arbeit erwähnt, sie schrieb von den Lesungen und Gesprächsrunden, die sie organisierte, von Programmflyern, die nicht rechtzeitig fertig wurden, weil der Grafiker die Abgabefrist verschwitzt hatte und von einem Filmabend, den sie kurzfristig moderieren musste, nachdem sich ihre Chefin mit dem Regisseur zerstritten hatte und nicht mehr mit ihm auf einer Bühne stehen wollte. Es waren lange Tage. Kinga verglich in ihren Briefen detailliert die Wirksamkeit von unterschiedlichen Schlafmitteln, nur für den Fall, dass ich einmal in eine ähnliche Situation kommen würde und fotografierte ihre Augenringe für mich.

Aus mir ist ein Nachtschattengewächs geworden, schrieb Kinga.

Judit ist vierundzwanzig, erklärte Tibor, wie du. Sie arbeitet seit Jahren hier in dem Café ihrer Eltern. Eigentlich wollte sie ein Studium anfangen, doch jetzt hat sie so lange gewartet, dass sie sich für kein Fach mehr begeistern kann. Kinga hat ihr die Bewerbungsunterlagen für ein paar Studiengänge ausgedruckt und ins Café gebracht, aber Judit hat jede Frist für die Einschreibung einfach verstreichen lassen. Kinga kam gerne her. An schlimmen Tagen ist sie direkt nach der Arbeit hergefahren. Judit hat extra für diese Momente ihren Kinga-Trunk entwickelt. Ein dreifacher Espresso und ein Löffel Nutella, serviert mit einer Milchschaumhaube. In den Wochen vor dem Unfall waren die beiden unzertrennlich.

Die ganze Zeit hatte ich den Eindruck gehabt, alles von Kinga zu wissen, doch seit ich mich mit Tibor traf, bröckelte mein Bild von ihr. Wieso hatte sie mir so viel verschwiegen? Von Tibor erfuhr ich, dass es Judit gewesen war, die Kinga zum Friseur geschickt hatte. Auch davon hatte nichts in den Briefen gestanden. Nur das Szenario zwischen Trockenhauben und Rollwägen hatte Kinga mir bis ins letzte Detail beschrieben.

Ich brauche etwas Neues, hatte Kinga zu der Friseuse gesagt und ungeduldig mit den Fingern geschnipst. Sie wollte keine Ordner mit Beispielfrisuren durchsehen und schloss auf dem Drehstuhl demonstrativ die Augen.

Kurz und modern, sagte sie. Das kann doch nicht so schwer sein.

Als Kinga die Augen wieder öffnete, erschrak sie vor ihrem eigenen Spiegelbild.

Können Sie bitte umgehend den Originalzustand wiederherstellen!

Es ist kurz und es ist modern. Das trägt man jetzt so.

Kinga stand wortlos auf und drückte der Friseuse den Umhang in die Hand. Sie verließ den Laden ohne zu zahlen und niemand rief sie zurück. Das Polaroid, das in ihrem letzten Brief vor dem Unfall lag, zeigte ihre wasserstoffblonden, kurzen Haare und die abrasierten Seiten.

Vor den Fenstern des Cafés dunkelte es bereits und Tibor legte ein paar Forintscheine auf den Unterteller seiner Kaffeetasse. Judit winkte er im Vorübergehen. Wir liefen Richtung Basilika, die zusammengefalteten

Regencapes in der Hand. Auf dem Platz, auf dem vorhin das Brautpaar gestanden hatte, verabschiedete er mich auf die ungarische Art: ein Küsschen links, ein Küsschen rechts, ein Küsschen links. Tibor musste sich weit nach unten beugen, während ich auf Zehenspitzen stand und das Kinn nach oben streckte. Ich wollte ihn fragen, wann wir uns das nächste Mal treffen würden, doch bis ich die Frage vorsichtig in meinem Kopf formuliert hatte, war er schon um die nächste Ecke gebogen.

Èva hackte Petersilie in der Küche, sie fuhr mit dem Wiegemesser hin und her, als gälte es einen Rekord zu brechen.

Du musst dich nicht mit ihm treffen, sagte sie, keiner erwartet das von dir.

Ich weiß.

Dann wirst du ihn nicht noch einmal sehen?

Kann sein, kann nicht sein. Warum ist das so wichtig?

Als Nächstes war das Basilikum an der Reihe. Èva hackte und hackte und hackte, ohne aufzusehen oder das Gespräch fortzusetzen. Ein paar Blätter flogen auf den Küchenboden und ich bückte mich danach.

Das ist nicht nötig, sagte sie.

Ich ging zu Csaba ins Wohnzimmer.

Was hat sie nur?

Er seufzte und zog mich zu sich auf den Sessel.

Sie gibt Tibor die Schuld an dem Unfall, an allem. Als sie mitbekommen hat, dass ich dir seine Nummer gegeben habe, hat sie meine Zeitung aus dem Fenster geworfen.

Ist es denn seine Schuld?

Nicht, dass ich wüsste. Er saß am Steuer, mehr nicht. Wäre es meine Schuld oder deine, wenn Èva vor Wut in der Küche zusammenklappt? Oder könnten deine Eltern uns verantwortlich machen, wenn dir etwas in Budapest passiert?

In der Küche fiel ein Schneidebrett zu Boden, und wir hörten Èva fluchen.

Sie beruhigt sich schon wieder, sagte Csaba.

Beim Essen drehte sich das Gespräch um Pfeffermühlen und Schleifstäbe, Marinaden und Chutneys, Küchenschürzen und körnigen Senf. Im Hintergrund lief leise der Fernseher: Die ungarische Regierung warb für ihre neuen Gesetze, bei einem Flugzeugabsturz in Russland starben vierundvierzig Menschen, darunter das Team des russischen Eishockey-Erstligisten Lokomotive Jaroslawl, und ein Wertpapierhändler wurde beschuldigt, einer Schweizer Bank mit seinen unerlaubten Geschäften mehr als zwei Milliarden Dollar Verlust beschert zu haben. Alleine hatte ich mir selten die Nachrichten angesehen und noch seltener einen Blick in die Zeitung geworfen, doch in Budapest und bei Èva und Csaba schien diese Angewohnheit sehr tief verankert, und ich versuchte, mich wie ein Chamäleon, so gut es ging, an meine Umgebung anzupassen. Erst als ein Dokumentarfilm über Schlafmittel angekündigt wurde, zog ich mich in das Gästezimmer zurück.

Am nächsten Morgen setzte ich mich an den gedeckten Frühstückstisch und versuchte das Schild auf dem Marmeladenglas zu entziffern. Aber ich hörte nur Kingas Stimme, die das Gespräch wie bei unseren Telefonaten immer gleich begann:

Weißt du noch, fragte sie und dann fügte ich eine Urlaubsepisode meiner Wahl ein. Wir unterhielten uns über die unfreundliche Bedienung mit den löchrigen Turnschuhen aus dem Strandcafé, den dicken Hund der Nachbarn oder den *Laden der sparsamen Oma*, unser Lieblingsgeschäft im Ort. Am liebsten erinnerten wir uns an den Jungen mit der Zuckerwatte, der am Strand an uns vorbeigelaufen war und seinen weißen Zuckerwattebausch mit angewinkeltem Arm stolz wie eine Fahne in der Hand hielt. Seine Jeans rutschte mit jedem Schritt ein Stück weiter nach unten und gab den Blick auf eine Unterhose mit Erdbeermuster frei. Kinga lachte laut auf und der Junge tauchte vor Schreck seinen Kopf in die Zuckerwatte. Die dünnen klebrigen Fäden überzogen sein Gesicht wie ein Spinnennetz. Seine Zunge fuhr heraus und er leckte sich über die Lippen, über einen Teil des Kinns, über die Nasenspitze. Ich hielt Kinga die Hand vor den Mund, um ihr Lachen zu ersticken und sie warf dem Kleinen ein paar Forint zu.

Kauf dir lieber ein Eis, rief sie ihm zu, während die Münzen über den Asphalt kullerten und das Abflussgitter nur knapp verfehlten.

Ich schaltete das Radio an und drehte richtig laut auf, schmierte mir zwei Brote (für jede Hand eins) und aß sie abwechselnd im Stehen. Der Kaffee war nur noch lauwarm, und ich goss den Rest aus der Kanne in den Abfluss. Auf dem Küchenboden lagen immer noch die kleingehäckselten Kräuterreste vom gestrigen Abend. Ich begann, die Tage zu zählen, die seit meiner Ankunft in Budapest vergangen waren und hörte schnell wieder damit auf. Ich versuchte mir vorzustellen, wie Kinga sich gegen den Tubus wehrte und gegen die Maschine atmete, wie sich in Windeseile eine Traube aus Ärzten und Krankenschwestern um ihr Bett bildete. Stattdessen sah ich Tibors lange Arme vor mir. Die Augen, die sich beim Lachen zu Schlitzen verengten. Ich lief in den Flur, schlüpfte in die Stiefel und prüfte mein Spiegelbild. Sollte ich zu Kinga fahren oder mich mit Tibor treffen? Mein Gegenüber schwieg, die Lippen aufeinandergepresst, die Stirn in Falten. Ich schrieb die zwei Namen auf kleine Zettel und schob die Papierknäuel so lange hin und her, bis ich die Orientierung verlor. Ich schloss die Augen und zog einen Zettel. Kinga stand in großen Lettern darauf. Ich schloss erneut die Augen und sah mich neben einem schlaksigen Fotografen, der zwei Köpfe größer war als ich, durch die Innenstadt laufen.

Ich habe Dienst im Antiquariat, sagte Tibor, als ich ihn kurz darauf anrief. Du kannst mir Gesellschaft leisten, mir und den staubigen Büchern.

Ich versuchte, seiner Stimme zu entnehmen, wie sehr ihn mein Anruf überraschte. Er sprach bedächtig, mit kurzen Pausen nach jedem Satz. Er schien weder besonders erfreut noch verärgert zu sein.

Das klingt verlockend, sagte ich.

Vor einer Bäckerei hatte sich eine lange Schlange gebildet, und ich stellte mich an, obwohl ich keinen Hunger hatte. Ich inhalierte den Duft nach frischem Gebäck und fühlte mich umgehend weniger verloren. Die junge Angestellte wischte sich erwartungsvoll ihre mehligen Hände an der Schürze ab, ich nahm noch einen Zug und ohne ein weiteres Wort lief ich zurück auf die Straße. Durch die Fensterscheibe beobachtete ich, wie sie den nächsten Kunden bediente, der offenbar eine Bestellung für eine Großfamilie aufgab und den Laden mit drei großen Papiertüten voller Brötchen verließ. Sie verließ ihren Platz hinter dem Tresen, um ihm die Tür aufzuhalten und sah mich mürrisch an. Erst als sich die Kunden in der Schlange beschwerten, nahm sie die Arbeit wieder auf. Ich sah, wie sie mit einer Zange nach dem frischen Gebäck griff, wie sie mit Wechselgeld hantierte und wie sie ein paar freundliche Worte mit den Kunden wechselte. Am liebsten hätte ich für einen Moment mit ihr getauscht. Hätte ich München nicht hinter mir gelassen, würde ich weiterhin in der kleinen Bäckerei arbeiten, die zu meinem Ausbildungsbetrieb gehörte. Wenn ich nicht in der Backstube stand, hatte ich dort zwischendurch Dienste übernommen. Ich hatte nicht erwartet, dass mir der gewohnte Rhythmus so fehlen würde. Sogar an das frühe Aufstehen hatte ich mich so gewöhnt, dass ich in Budapest jeden Morgen aufwachte, bevor die Sonne aufging und mich mehrmals von der einen auf die andere Seite des Bettes wälzen musste, bis ich nochmals einschlief.

Als ich nach der Ausbildung von der Bäckerei als Gesellin übernommen wurde, hatte ich mich selbst zum Mittagessen bei meinem Vater eingeladen. Ich drückte Carolina so fest zur Begrüßung, dass sie nach Luft schnappte. Vor Begeisterung schlang ich die Lammkeulen und das Buttergemüse herunter und legte die zerknüllte Serviette auf meinen leeren Teller. Mein Vater verschluckte sich an einem Stück Brokkoli und Carolina klopfte ihm so lange auf den Rücken, bis er es wieder ausgespuckt hatte. Er verwickelte mich in ein Kreuzverhör über die Arbeit, fragte nach der Größe des Betriebs und dem Jahresumsatz, nach meinen Aufstiegschancen und dem Monatsgehalt.

1500, antwortete ich. Ich untertrieb absichtlich.

Netto, fragte mein Vater.

Ich verneinte, und er verschränkte die Arme vor seiner Brust, als gäbe ihm das den nötigen Halt zurück.

Was hältst du davon, wenn ich dir jeden Monat die gleiche Summe noch einmal überweise? Damit du etwas zum Leben hast.

Ich habe genug zum Leben, sagte ich und zog mir den Mantel an, schlüpfte in die gefütterten Stiefel und verschwand nach draußen. Obwohl ich nicht rauchte, wollte ich mir auf dem Weg zur Bushaltestelle unbedingt eine Zigarette anzünden. Nur kam mir auf den breiten Straßen in Grünwald niemand entgegen, den ich hätte anschnorren können. Ich ließ den Mantel offen und die kalte Luft zog unter den dünnen Pullover und das T-Shirt bis auf die Haut. Erst als ich anfing zu zittern, schloss ich langsam die Knöpfe, die Hände rissig von den letzten Arbeitstagen. Zusammen mit dem zweiten Azubi hatte ich die Schicht an der Belaugungsanlage übernommen. Mit engen Gummihandschuhen, die uns vor der Natronsäure schützen sollten, legten Andi und ich die Brezeln nach ihrem Bad in der Lauge auf ein Blech, salzten die Teiglinge und schoben sie in den Ofen. Wenn der Chef nicht zu sehen war, hüpfte ich ein paar Mal auf und ab, damit meine Beine nicht einschliefen und Andi schüttelte den Kopf, weil er das peinlich fand. Immerhin waren die Tage vorbei, an denen ich ihm wirklich Grund zum Spotten gegeben hatte, weil ich die Lauge mit Mehl verschmutzte und die Brezeln fleckig aus dem Ofen kamen, während Andi die ausgeprägte Krustenrösche seiner Brezeln jedem zeigte, der in der Nähe des Ofens stand. Wir hatten Glück, dass wir den Brezelteig nicht selbst ausrollen mussten. Kurz bevor wir die Ausbildung begannen, hatte unser Chef eine Brezelschlingmaschine gekauft, und seitdem brachte ein Schwingkopf die 5000 Brezen, die wir täglich auslieferten, mit seinen Greifarmen in nur zwei Sekunden in Form.

Seitdem mieden mein Vater und ich Gespräche über meine Arbeit. Wir sprachen stattdessen über die Geschwindigkeit von Tennisbällen beim Aufschlag und über eine Langbeinfliege, die aufgrund der Bewegung ihrer Hinterbeine nach Charlie Chaplin benannt worden war. Nach meiner Abreise nach Budapest hatte mein Vater sich eine private E-Mail-Adresse einrichten lassen, nur für mich. Einmal pro Woche schrieb er mir eine kurze Nachricht und richtete mir Grüße von Carolina aus. Jedes Mal wollte er wissen, wann ich wieder nach Hause käme. Als Antwort schickte ich ihnen Postkarten, die Sehenswürdigkeiten und ungarisches Essen zeigten. Carolina, schrieb er mir, befestige eine Karte nach der anderen mit Magneten am Kühlschrank.

Wenn dort kein Platz mehr ist, resümierte er, musst du zurückkommen.

Ich stieg in die Bahn, die so voll war, dass ich nur mühsam den Gang mit den Haltegriffen erreichte. Morgen fährst du zu Kinga, murmelte ich vor mich hin. Morgen fährst du zu Kinga. Das Antiquariat lag im jüdischen Viertel von Pest, es war ein Familienerbstück, das von Generation zu Generation weitergereicht wurde. Tibors Großvater war bekannt dafür gewesen, dass er aufgrund seiner hervorragenden Kontakte vergriffene Bücher wie Kaninchen aus dem Hut zaubern konnte, er hatte sich nie über fehlende Kundschaft beklagt. Nach seinem Tod hielt sich niemand mehr an sein ausgeklügeltes Ordnungssystem und Chaos machte sich breit. Tibors Tante, die den Laden gemeinsam mit ihrem Mann übernommen hatte, erzählte den Kunden von den Hühneraugen ihres Mannes, ihren pulsierenden Kopfschmerzen oder ihrem hartnäckigen Durchfall, dessen wechselnde Farbe und Konsistenz ihr Rätsel aufgab. Seit Pál nicht mehr auf Sendung ging und stattdessen durch die Straßen stromerte und sich beim Rest der Familie nicht mehr meldete, rief Tibor mehrmals in der Woche bei seiner Tante an und versuchte, sie mit erfundenen Geschichten zu beruhigen. Er erzählte ihr von Páls Bewerbungen bei anderen Sendern und beschrieb, wie Pál sich in seinem Arbeitszimmer verschanzte, um Ideen für neue Formate zu entwickeln. Nichts davon stimmte, aber durch Tibors Geschichten nahmen die Migräneattacken der Tante sukzessive ab und hin und wieder kaufte sogar ein Kunde im Antiquariat ein Buch ein, weil die Tante sich nicht über Krankheiten oder ihre unglückliche Familie erregte, sondern stattdessen mit Körperpflege beschäftigt war. Neben der Kasse hatte sie Feilen und Lacke platziert. Die Kunden mussten sich das Wechselgeld selbst aus der Kasse nehmen, weil sie mit wedelnden Händen darauf wartete, dass die Farbschichten trockneten. Jeden Mittwoch nahm sich Tibors Tante frei und dann holte sich Tibor den Schlüssel für das Antiquariat aus dem Briefkasten, um ihre Schicht zu übernehmen.

Die Türglocke war so laut eingestellt, dass ich beim Betreten des Ladens erschrocken zurückfuhr. Tibors Tante vergaß hin und wieder ihr Hörgerät zu Hause. Nachdem sie einen Zeitungsartikel über Bibliomanie gelesen hatte, konnte sie an nichts anderes mehr denken als an Ladendiebe, sie unterstellte jedem Kunden, der mit ungebügelter Kleidung oder fettigen Haaren vor den Bücherregalen stand, er hätte sich ein Lexikon unter den Pullover geschoben. Wenn Tibor ihr die Diebstahlphantasien ausreden wollte, fing sie mit dem deutschen Beamten Michael F. an, der 24 000 seltene Bücher aus siebzig Bibliotheken gestohlen hatte und erst gestellt wurde, nachdem er in einer fürstlichen Hofbibliothek Johann Friedrich Blumenbachs *Handbuch der Naturgeschichte* entwendet hatte. Der Bücherdieb verkaufte die Werke nicht (sie waren mehrere Millionen wert), er stapelte sie in seinem Haus in allen Stockwerken, in den Regalen, auf dem Boden oder in den Nischen zwischen den Möbeln. Tibors Tante vermutete, dass diese Bücherkrankheit nicht nur in Deutschland verbreitet war. Sie markierte mit roten Klebepunkten eine Strecke durch den Laden, bei der sie die wertvollsten Bücher umkreisen konnte, und wenn wieder ein verdächtiger Kunde den Laden betrat, verließ sie den Platz an der Kasse und lief ihren Rundkurs. Sie beruhigte sich erst, als Tibors Onkel zur Überwachung eine Kamera installierte und sie die Kunden auf einem kleinen Bildschirm beobachten konnte.

Keine Sorge, sagte Tibor zu mir, wenn ich Dienst habe, schalte ich die Videoüberwachung nicht an.

Die Regale im Antiquariat waren voll und überall stapelten sich Pappkartons mit Sonderangeboten. Die Kunden kauften nicht genug, um Platz für die Neuerwerbungen zu schaffen, die in Stapeln darauf warteten, einsortiert zu werden. Tibor drückte mir einen Staubwedel in die Hand und auf einmal sah ich Kinga vor mir, wie sie ihm das Hemd aufknöpfte und ihn zum Stuhl am Kassentisch zog. Sie hatte mir ihre Lieblingsstellungen in den Briefen detailliert beschrieben, den Klammergriff und die Amazone, die Lotosblume und den Doppeldecker.

Wenn du in diesem Tempo weitermachst, musst du noch fünf Jahre in Budapest bleiben und mir sortieren helfen, sagte Tibor und bewarf mich mit Papierkügelchen.

Ich stand auf und klopfte mit dem linken Fuß auf den Boden. Vermutlich gab es auf der ganzen Welt niemanden, dem so oft die Beine am helllichten Tag einschliefen wie mir. Kein Arzt hatte bisher etwas gefunden und egal welche Nahrungsergänzungsmittel ich schluckte, meine Arme und Beine verweigerten immer wieder den Dienst. Der Bücherstapel neben Tibor überragte ihn und neigte sich leicht zur Seite.

Pass auf, sagte ich und kam näher, doch da waren die Bücher schon auf den Boden gefallen. Unser erster Kunde des Tages kam in den Laden, doch als er uns zwischen den verstreuten Büchern am Boden sitzen sah, machte er auf dem Absatz kehrt und ließ die Tür sperrangelweit offen stehen. Tibor rief ihm etwas hinterher, aber der Mann drehte sich nicht mehr um. Dass ich schlechter für das Geschäft sein würde als seine Tante, hätte ich nicht vermutet.

Ich zog den Vorhang hinter der Kasse auf und goss Wasser in die Kaffeemaschine, Tibor faltete der Filtertüte eine Kante und füllte sie mit Kaffeepulver (fünf Löffel für uns, ein Löffel für die Kanne). Wir setzten uns in der Kochnische auf den Boden und lehnten uns an die Schränke.

Mein Vater ist verschwunden, sagte er. Ich habe ihn seit zwei Wochen nicht mehr gesehen.

Notstromaggregat

Die braune, klebrige Flüssigkeit lief über meine helle Jeans und tropfte auf den Boden. Ich streckte die schäumende Coladose, die ich mir zusammen mit dem Passwort für den Computer an der Kasse gekauft hatte, weit von mir. Der Besitzer pfiff mir nach und warf mir einen nassen Lappen zu. Ich war zum ersten Mal im Internet-Café. Vorher hatte ich nur hin und wieder an meinem Laptop meine Mails gecheckt, doch den Wechsel von München nach Budapest hatte das Gerät offenbar nicht verkraftet, seit Tagen blieb der Bildschirm schwarz. Selbst Csaba, der in seiner Bibliothek bei allen Computerfragen gerufen wurde, wusste keinen Rat und brachte den Laptop für mich zur Reparatur. So las ich die Zeilen meines Vaters mit ein paar Tagen Verspätung. Er schrieb:

Ich war an deiner Wohnung und wollte nach dem Rechten sehen. Eine blonde Frau hat sich aus dem offenen Küchenfenster gebeugt und Kringel geraucht. Sie sagt, sie ist Schauspielerin und deine Nachmieterin. Ihr Name klebt auf dem Klingelschild. Kommst du nicht mehr zurück?

Ich ging in eine der Telefonkabinen und rief Simon an, er nahm nach dem ersten Klingeln ab.

Ich wollte es dir schon die ganze Zeit sagen. Ich wollte dich heute anrufen und fragen, ob Luisa in deiner Wohnung übernachten kann.

Wie lange geht das schon so?

Nicht lange. Vier Wochen.

Schick mir sofort meinen Wohnungsschlüssel.

Es folgten zahlreiche Nachrichten, in denen er mir alles erklären wollte. Der Regisseur hätte sich von ihm getrennt und wäre mittlerweile mit einem der Techniker zusammen. Luisa hätte sich wochenlang um ihn gekümmert, für ihn gekocht und mit ihm Text gelernt. Und als sie aus ihrer WG geflogen war, hatte er sich revanchieren wollen. Da sei ihm auf die Schnelle nur meine Wohnung eingefallen. Er hätte mir das noch gesagt. Ganz bestimmt. Ich antwortete nicht. Als ich in der U-Bahn saß, schrieb er erneut:

Wenn ich schon im Beichtstuhl sitze: Luisa und ich sind ein Paar. Und wir haben beide in deiner Wohnung gewohnt. Der Schlüssel ist unterwegs zu dir, und wir suchen uns etwas anderes. Aber deinen Pflanzen geht es gut.

Ich ging zur Kasse, kaufte eine neue Cola und eine Tüte mit sauren Pommes und Esspapier. Der Besitzer sah mich mitleidig an und schenkte mir einen Schlüsselanhänger mit einem blinkenden Herzen aus Plastik.

Ein Geschenk des Hauses, sagte er in gebrochenem Deutsch und lächelte schief.

Auf dem Weg zu Èvas und Csabas Wohnung verpasste ich meine Haltestelle, stieg drei Stationen später aus und setzte mich auf der gegenüberliegenden Seite wieder in eine U-Bahn. Alle Sitzplätze waren belegt, eine Horde blau gekleideter Mädchen mit großen Sporttaschen hatte das Abteil okkupiert. Ein Handy wanderte durch die Reihen, offenbar hatte eine von ihnen einen Jungen fotografiert, der allen gefiel. Oder ging es um Justin Bieber? Als ich aus dem Fenster sah, war ich wieder an meiner Station vorbeigefahren. Ich stieg aus und ließ mich von der Rolltreppe nach oben bringen. Der strömende Regen schlug mir entgegen und durchnässte meine Haare, mein T-Shirt, meine Jeans. Ich stellte mich in einer Metzgerei unter und kaufte ein Paar Pfefferbeißer, die die Verkäuferin in eine Cellophantüte steckte. Von einem der Stehtische am Fenster sah ich nach draußen, wo sich eine ältere Frau an die Hauswand drückte, weil sich der Stoff von den Kielen ihres Regenschirms gelöst hatte. Sie verscheuchte die Passanten, die ihr zu nahe kamen, mit ihrer Handtasche. Als sie mit ihrem reparierten Schirm weiterging, löste sich der Stoff schon nach wenigen Metern erneut und der Frau blieben nur ihre Hände, um sich vor dem Regen zu schützen. Ich wählte eine Budapester Nummer, die ich seit kurzem auswendig kannte.

Es ist ein Notfall, sagte ich und strich mir eine nasse Haarsträhne aus dem Gesicht, ich bin in den Regen gekommen, aber ich will nicht zurück in die Wohnung. Kannst du mich am Margit Tér abholen und trockene Sachen mitbringen?

Gib mir eine halbe Stunde, sagte Tibor.

Langsam schien er sich an meine überfallartigen Telefonate zu gewöhnen. Morgen fahre ich zu Kinga, dachte ich, ganz bestimmt. Tibor brachte ein Handtuch und einen Schirm mit in die Metzgerei. Er zog mich nach draußen und trocknete mir im nächsten Hauseingang die Haare, aus dem Rucksack zog er ein weißes T-Shirt und einen Strickpullover mit Rautenmuster. Er schirmte mich vor neugierigen Blicken ab, als ich aus den nassen Sachen schlüpfte. Das T-Shirt war so eng geschnitten, dass es nicht Tibor gehören konnte, es reichte mir bis zu den Oberschenkeln und roch nach diesem blumig-holzigen Parfüm, das ich so gut kannte. Mit dem vertrauten Geruch kamen die Schuldgefühle. Freundschaftsdienste sehen anders aus, dachte ich und überlegte, wie Kinga sich wohl in meiner Situation verhalten hätte.

Worauf wartest du, fragte Tibor und schnipste mit den Fingern.

Ich hielt den Strickpullover zögernd in der Hand und fragte mich, wie sich die Farben rot, blau, grün und lila gleichzeitig auf ein Kleidungsstück verirren konnten.

Hat meine Tante gestrickt, sagte Tibor, ich habe auf die Schnelle nichts anderes gefunden.

Ich legte mir das Monstrum über die Schultern und wir mischten uns wieder unter die Passanten, die die zusammengefalteten Schirme am Handgelenk hängen hatten, man wusste ja nie. Morgen wird alles anders, dachte ich, mein Besuch bei Kinga ist nur aufgeschoben, sonst nichts. Der Geruch der Pfefferbeißer vermischte sich mit denen, die der Regen freigesetzt hatte. Ich sah

meinen Vater vor mir, wie er nach einem Sommerge-
witter mit gekräuselter Nase in unserem Garten stand.

Darf ich vorstellen, sagte er dann, Geosmin.

Er klopfte mit seinem Spazierstock auf den feuchten
Boden und erklärte mir, dass der Regen Bodenpartikel,
Bakterien und Pilzsporen aufwirbeln würde. Bei der
Verdunstung des Regens würde dann Wasserdampf
aufsteigen und Duftmoleküle nach oben wirbeln, uns
unter die Nase. So könnten wir Geosmin riechen, eine
natürlich vorkommende Substanz mit einem erdig-
muffigen Geruch. Er blieb immer lange draußen nach
diesen Gewittern, lief von einer Ecke des Gartens in die
andere und störte sich ausnahmsweise nicht an den
Erdklumpen, die an seinen Schuhsohlen kleben blieben.

Tibor zog mich am Wollpullover. Wir wichen einer
Pfütze auf dem Gehweg aus und liefen ein Stück auf der
Straße, bis uns die hupenden Autos vertrieben. Tibor
hatte auf einem Stadtplan alle Cafés und Kneipen no-
tiert, die er mit seinem Vater in Verbindung brachte. Er
zog ein Foto hervor und ein bärtiger Mann um die 50
sah mich mit aufgeplusterten Hamsterwangen und aufgerissen Augen an, die hellgrauen Haare fielen ihm weit
in die Stirn.

Er macht immer Grimassen, wenn er fotografiert
wird, sagte Tibor und steckte das Bild zurück in seinen
ausgebeulten Rucksack, den er kaum mit einer Hand
halten konnte.

Was hast du nur alles dabei?

Meine Survival-Ausstattung. Ich habe sie nach dem
Unfall gepackt.

Darf ich sie sehen?

Im ersten Café von seiner Liste bestellte er zwei Tassen Kaffee und leerte den Inhalt seines Rucksackes auf den Tisch:

Ein Schweizer Offiziersmesser mit 80 Funktionen.

Ein zerknitterter Umschlag mit ein paar Forintscheinen.

Schokoriegel und Pfefferminzbonbons.

Ohropax aus Schaumstoff.

Pflaster.

Ein T-Shirt zum Wechseln.

Eine faltbare Tragetasche.

Einen Fahrradschlauch, eine Dose Flickzeug.

Ein Comicheft für die Bahn.

Eine Digitalkamera und Speicherkarten in einer Plastiktüte.

Stifte.

Eine kleine Taschenlampe.

Eine Wasserflasche.

Ich weiß, dass mir nichts davon beim Unfall geholfen hätte. Dass es wenig Sinn hat, die Sachen jeden Tag mit mir herumzutragen. Aber irgendwie beruhigt mich das Gewicht auf meinem Rücken.

Die Kellnerin blieb neben uns stehen und räusperte sich. Sie trug lange silberne Ohrringe, die fast bis zu ihren Schultern reichten. Ihre Augen hatte sie mit schwarzem Kajal umrandet, sie lächelte nicht. Auf dem Tisch war kein Platz mehr für unsere Kaffeetassen und Tibor räumte seine Sachen wieder in den Rucksack.

Fehlt noch etwas, fragte er mich.

Wundsalbe und ein Feuerzeug, sagte ich.

Das muss ich mir aufschreiben.

Ein bärtiger Mann in einem Trainingsanzug betrat das Café. Ich griff nach Tibors Arm.

Ist er das?

Mein Vater würde sich niemals so kleiden. Er trägt karierte Hemden und Cordsakkos, tagein, tagaus.

Wir zeigten der Bedienung das Foto von Pál.

Den habe ich hier schon lange nicht mehr gesehen, sagte sie, aber beim letzten Mal hat er sein Bier nicht bezahlt. Übernehmt ihr das?

Tibor nippte wortlos am Kaffee, bis die Kellnerin zurück zur Bar ging, den Rücken zur Seite gebeugt, als hätte sie starke Schmerzen. Wir hörten sie seufzen, als sie mit einem Wischlappen über den Tresen fuhr.

Die blufft doch, sagte ich, als wir wieder auf der Straße standen. Tibor strich das Café von seiner Liste und wir liefen über das nasse Kopfsteinpflaster. Ich hakte mich bei ihm unter.

Jetzt sind wir ein Notstromaggregat, sagte er.

Ich sah ihn verwundert an.

Das hat Kinga immer gesagt. Wegen unserer Selbstentladungskräfte. Gegenseitig können wir die Energieschwankungen des Einzelnen ausgleichen. So sind wir unabhängig vom öffentlichen Stromnetz.

Ich wollte meinen Arm lösen, aber Tibor hielt ihn fest.

Kommt nicht in Frage, sagte er und bog in eine Seitenstraße ab. Ich überlegte, woher ich das rostige blaue Fahrrad an der Laterne kannte und wieso mir die Auslagen des Gemischtwarenladens so bekannt vorkamen, der Justus-Meinl-Kaffee neben den bunten Seifenpackungen, der mit frischen Brötchen gefüllte Korb neben den Badekappen mit Blümchenaufdruck. Tibor blieb vor dem nächsten Café stehen und ich erkannte die kleinen Fenster, die schmale Judit am Tresen und die Torten in der gläsernen Vitrine, Dobostorte und Lúdlábtorte.

Wir brauchen eine Pause, sagte Tibor und hielt mir die Tür auf, damit ich vor ihm eintreten konnte.

Wir sahen uns suchend um, alle Tische waren belegt, nicht einmal die Barhocker waren frei. Ein Streifen Sonnenlicht fiel vor uns auf das Parkett, auf dem Tische und Stühle ihre Kratzspuren hinterlassen hatten. Judit hatte vergessen, ihre fleckige Kochschürze abzulegen und bediente hastig die vielen Gäste. Die Tortenstücke balancierte sie mit durchgestrecktem Rücken und erhobenem Arm über ihrem Kopf, wie eine Diva. Im Radio bekam die Moderatorin einen so heftigen Schluckauf, dass alle die Köpfe zu den Lautsprechern über der Theke drehten. Hicksend sagte sie das nächste Lied an und die Köpfe drehten sich zurück, zu den Kaffeetassen und Limonadengläsern, Kuchentellern und Eisbechern vor ihnen. Als ein Paar an einem der Fenstertische aufstand, gingen wir mit schnellen Schritten darauf zu und setzten uns auf die Stühle, noch bevor sie ihre Jacken von den Rückenlehnen genommen hatten. Die beiden hatten nichts gegessen, in der Mitte des Tisches standen zwei leere Schnapsgläser neben einer Plastikrose in einer schmalen Vase und dem Zuckerstreuer. Tibor strich die Spitzendecke glatt, stellte die Rose an den Rand und erbat am Nachbartisch die Speisekarte.

Was wollt ihr trinken?

Judit hatte sich von hinten angeschlichen, und Tibor und ich drehten uns im gleichen Moment zu ihr um. Sie sprach Deutsch mit einem leichten Wiener Einschlag, ihre Großmutter hatte lange in Österreich gelebt.

Ich hab frischen Pfefferminztee gemacht, wollt ihr probieren? Geht aufs Haus.

Sie streckte mir die Hand entgegen und Tibor stellte uns vor. Ihre Schultern sackten zusammen, als das Gespräch auf Kinga fiel, und sie stützte sich an meiner Stuhllehne auf. Ich konnte ihre Fingerknöchel in meinem Rücken spüren.

Hast du Pál gesehen, fragte Tibor.

Seit Tagen kannte er kein anderes Thema mehr. Es kam mir so vor, als würde Kingas Koma den Eifer, mit dem er nach seinem Vater suchte, proportional verstärken. Mehrmals hatte mir eine Bemerkung auf der Zunge gelegen, mehrmals hatte ich besser nichts gesagt. Und dann schaffte Tibor es wieder, jedes noch so gute Gespräch so zu drehen, dass wir am Ende über Pál redeten und nicht über uns, dass wir Skizzen anfertigten, um seinen möglichen Aufenthaltsort herauszubekommen, so dass es mir unmöglich war einzuschätzen, ob er sich für mich interessierte oder nur eine Begleitung für seine Suche benötigte.

Zwei Redakteure sind vor der Fernsehzentrale in Hungerstreik getreten, sagte Judit. Er ist bestimmt dort. Hast du heute noch keine Nachrichten gehört?

Tibor schüttelte den Kopf und Judit fasste das Wesentliche so für uns zusammen, dass auch ich mitkam. Der ehemalige Vorsitzende des Obersten Gerichts war aus einem Fernsehbericht retuschiert worden, sie hatten ihn einfach nachträglich aus dem Bild entfernt. Allen Protesten zum Trotz wollte der Sender die Verantwortlichen nicht zur Rechenschaft ziehen. Im Laufe des Tages hatten sich mehr und mehr Kollegen und Unterstützer zu den beiden Redakteuren vor dem Sendegebäude gesellt.

Tibor stand mitten in einem von Judits Sätzen auf. Als ich von der Straße einen Blick zurück warf, sah ich, wie Judit unsere Teereste austrank und die Rosentapete an der Wand fixierte.

Vor der Fernsehzentrale hatte sich ein Halbkreis um die Streikenden gebildet. Der Sender versuchte, den Haupteingang frei zu halten, und hatte mit Absperrgittern einen Bereich abgesteckt, zu dem die Protestierenden keinen Zugang mehr hatten. Eine kleine, rundliche Frau mit rauchiger Stimme füllte Kaffee aus einer großen Thermoskanne in Plastikbecher. Ich stellte mich neben sie, während Tibor durch die Reihen lief und nach einem bärtigen, abgemagerten Mann Ausschau hielt.

Ein paar Blogger und freie Journalisten haben sich hier versammelt, erzählte mir die Frau am Kaffeestand, aber von der offiziellen Presse ist niemand gekommen.

Balázs, einer der Initiatoren des Streiks, gab mit erhobener Stimme Interviews für eine Handvoll Leute, jemand filmte.

Vergesst die Retusche nicht, grölte einer und alle applaudierten und pfiffen.

Es war der zweite Streiktag und der Sender war die Belagerung offenbar langsam leid. Die Menge wurde aus großen Boxen mit einem kitschigen ungarischen Weihnachtslied beschallt, das in Endlosschleife lief.

Ein Weihnachtslied im September, sagte Tibor, als er wieder hinter mir stand.

Er hatte mehr als zehn Leute angesprochen, die von hinten wie sein Vater aussahen, aber niemand wusste, wo Pál sein könnte. Die Frau vom Kaffeestand verwickelte Tibor in ein längeres Gespräch, ein Streikender kam dazu und legte ihm den Arm um die Schulter, zwei jüngere Mädchen umarmten Tibor von hinten und küssten ihn auf die Wange, als er sich zu ihnen umdrehte. Innerhalb weniger Minuten war er eingekreist, und ich sah nur noch seinen gestreiften Pullover zwischen den Unbekannten aufblitzen. Ich wusste nicht, wie ich ihn innerhalb der nächsten Stunden von den Protestierenden hätte loseisen können. Meine Atemluft kondensierte, und ich wunderte mich über den Kälteeinbruch, für einen Moment schien der erste Schnee des Jahres nicht mehr so weit entfernt zu sein. Ich rief Tibor zu, dass ich zurück zu Èva und Csaba fahren würde, und er streckte zwischen den Köpfen der anderen einen Arm in die Höhe und winkte. Immerhin. Jemand sang mit schiefer Stimme das Weihnachtslied mit.

Èva schien auf dem Sofa zu schlafen, ich schlich über das Parkett. Ihr Kopf lag auf Csabas Bauch, der sich langsam hob und senkte. Auf dem Couchtisch standen zwei leere Flaschen Rotwein und Csaba beugte sich nach vorne, um mir vorsichtig aus einer dritten Flasche einzuschenken. Wir tauschten flüsternd Neuigkeiten aus, und er berichtete aus der Klinik, von Kingas unverändertem Zustand und den ausbleibenden Vitalzeichen, mittlerweile lag sie seit 80 Tagen im Koma. Èva fuhr nach wie vor jeden Tag nach der Arbeit ins Krankenhaus und setzte sich auf den Plastikstuhl neben Kingas Bett, sie hielt Kingas Hand fest umklammert und erzählte ihrer Tochter alles, was am Tag vorgefallen war, egal wie nebensächlich es war. Sie wiederholte die Schlagzeilen aus der Zeitung und den Wetterbericht für den nächsten Tag, sie beschrieb ihr die Neuankömmlinge auf der Station und erklärte ihr, welche Patienten sie entlassen hatten und warum. Sie zitierte aus Büchern, die sie gelesen hatte (Schiffsmeldungen, Tipps für die Wildnis, Kafka am Strand), und beschrieb die schönsten Stellen aus den Filmen, die sie mit Csaba im Kino gesehen hatte (Beginners, Le Havre, Midnight in Paris). Csaba begleitete Èva nur an den Wochenenden, er stand dann in der Zimmertür und sagte kein Wort, minutenlang starrte er seine Tochter an und verschränkte die Hände hinter dem Rücken. Zum Abschied räusperte er sich, hob eine Hand und setzte sich auf eine der Bänke im Krankenhausgang, wo er darauf wartete, dass Èva ihren Monolog für Kinga beendete und sie gemeinsam zurück zur Wohnung fahren konnten. Die beiden wussten nicht, ob Tibor Kinga besuchte. Die Krankenschwestern verrieten ihnen nicht, ob sie ihn im Zimmer gesehen hatten, und bei der letzten Begegnung hatte Tibor ihnen die Frage nicht beantwortet, sondern nur mit den Schultern gezuckt.

Ich weiß von nichts, sagte ich zu Csaba.

Er lehnte den Kopf zur Seite und sein gleichmäßiger Atem verriet kurz darauf, dass auch er eingeschlafen war. Ich nahm ihm die Brille von der Nase, legte eine Wolldecke über seine Schultern und ein paar Kissen über Èvas Beine. Ich trank den letzten Schluck Rotwein, löschte das Licht und stellte mich ans Fenster. Im Haus gegenüber stand die Mutter der beiden Kinder auf dem winzigen Balkon, ich sah ihr zu, wie sie hastig eine Zigarette rauchte und den Stummel auf die Straße schnippte. Sie trug Spitzenunterwäsche unter dem Bademantel, ich sah ihre dünnen Beine zwischen den Blumentöpfen, den schwarzen Slip, einen schmalen Streifen Bauch. Als sie meinen Schatten entdeckte, verschwand sie abrupt im Wohnzimmer, ihre schemenhafte Gestalt irrte in der Wohnung hin und her, wie ein Gespenst. Nachts träumte ich von Kinga, die sich laut lachend in ihrem Bett in der Klinik aufsetzte, in Hausschuhen zur Straßenbahn lief und nach Hause fuhr, als wäre nichts geschehen, dort den *Unicum Next* aus dem Kühlschrank holte und mir zuprostete:

Chin chin, wurde ja auch Zeit, dass du kommst.

Kinga war über ihre eigenen Füße gestolpert, als sie sich am Gleis zwischen den anderen Reisenden durchdrängelte und mir entgegen lief. Ein halbes Jahr bevor Polaroid Insolvenz anmeldete, kam sie für ein Wochenende mit dem Nachtzug nach München, es sollte unser einziges Treffen nach dem Balaton-Urlaub bleiben. Die Sätze sprudelten nur so aus ihr heraus, als sie vor mir stand: Sie hätte nur einen Sitzplatz gebucht und kaum geschlafen, aber ein Spanier hätte ihr mehrere Dosen Red Bull geschenkt und Lieder auf der Gitarre vorgespielt.

Vier Stunden Schlaf reichen vollkommen, sagte sie, dabei bleiben wir auch heute Nacht.

Die schwüle Luft im Abteil, das kaputte Fenster, die ausgeleierten Sitze, sie hatte vergessen, wie lang eine Fahrt werden konnte, aber bei jedem Halt des Zuges musste sie sich vor Aufregung in den Arm kneifen. Sie übertrieb nicht, sie konnte mir die roten Druckstellen zeigen.

Sieben Jahre nur Briefe und Telefonate, sagte sie, das ist doch nicht zu fassen.

Ihr Rucksack war klein und leicht, sie hatte nicht viel dabei. Ein Buch, eine Zahnbürste, ein T-Shirt zum Wechseln. Simon hatte ein Gastspiel am Theater Magdeburg, er war nicht in der Stadt und dennoch hatte ich das Gefühl, er könnte jeden Moment um die Ecke biegen und die erfundene Beziehung entlarven.

Mein Freund, sagte ich und es kam mir seltsam vor.

Wir waren in einem Café mit Kronleuchtern und großen Spiegeln gelandet. Ich saß mit dem Rücken zu den anderen Gästen und sah niemanden außer Kinga. Sie tunkte ihr Croissant in den Milchkaffee und sprach mit vollem Mund. Von den Erwartungen ihrer Eltern (Enkelkinder und Hochzeitsgäste), den schwierigen Seminaren (Chevy-Chase-Strophen und Bewusstseinsströme), den täglichen Kuriositäten (Kusstechniken und Liebeskugeln). Ihr Blick wanderte von Tisch zu Tisch, während sie redete, und sie hielt meine Hand dabei fest, ihre Fingerknöchel traten hervor. Sie fragte nach dem Alltag in der Bäckerei, nach dem Gefühl beim Aufstehen am Morgen, nach meinen Techniken gegen das Verschlafen, nach der Stärke des ersten Kaffees. Nach der Größe der Brezelschlingmaschine, dem besten Tortenrezept, der Füllung der Schnecken. Und nach den Tagen mit Simon, seinen Rollen an der Schauspielschule, seinen Vorlieben, seinen religiösen Gedanken. Sie konnte nicht glauben, dass ich noch immer Jungfrau war.

Das werden wir ändern, sagte sie.

Wir kauften uns ein Bayernticket und stiegen in die erste Regionalbahn, die auf der Anzeigetafel im Hauptbahnhof erschien. Das Prinzip Zufall. Es war Kingas Idee.

Ich will nicht die Stadt, ich will die Gegend sehen, sagte sie und öffnete alle Fenster in unserem Großraumabteil.

Bevor sie wieder saß, beschwerte sich eine junge Frau in einem beigen Kostüm über die Zugluft. Sie war nicht viel älter als wir, aber ihr gelangweilter Blick signalisierte uns, dass sie nicht unterwegs war, um Spaß zu haben. Sie kniff die Lippen zusammen und klammerte sich an ihrer Handtasche fest, als könnte sie jeden Moment überfallen werden. Wir ignorierten sie. Kinga redete zur Tarnung auf Ungarisch auf mich ein,

bis die Frau kopfschüttelnd an uns vorbei lief und jedes
Fenster wieder schloss. Wir stiegen an allen Bahnhö-
fen aus, deren Namen uns interessierten und fuhren
von Gernlinden über Haspelmoor nach Spitalbach und
von Seebach über Niederarnbach nach Schrobenhau-
sen. In Tauberfeld kauften wir am Bahnhofskiosk eine
Flasche Sekt, die wir in einem stummen Wettkampf in
immer kürzeren Abständen hin und her wandern ließen. Kinga verschluckte sich und spuckte auf den Asphalt. In Wolfratshausen liefen wir durch das Indus-
triegebiet, vorbei an Autohäusern und Schuhläden,
Outlets und Imbissbuden. Kinga hatte saure Apfelringe
in der Tasche, die sie mir zuwarf. Ich sollte sie mit dem
Mund auffangen.

Kennst du jemanden, der sich schon mal in der Bet-
tenabteilung verliebt hat, sagte Kinga, als wir vor Möbel Mahler standen.

Ich schüttelte den Kopf.

Dann wird es Zeit, sagte sie.

Wir ließen uns auf die Matratzen fallen und bewar-
fen uns gegenseitig mit den ergonomisch geformten
Nackenkissen. Kinga kitzelte mich, bis ich vor Lachen
auf den Boden fiel. Als ich aufstehen wollte, sah ich über
mir den Kopf einer Angestellten. Frau Puder, stand auf
ihrem Ansteckschild. Sie zog mich am Arm in eine auf-
rechte Position und sah mich durch ihre tennisballgro-
ßen Brillengläser an.

Wie alt seid ihr eigentlich, sagte Frau Puder und
zeigte uns den Weg zum Ausgang. Wir stiegen in eine
S-Bahn, in eine Regionalbahn, in einen Regionalex-

press. Oft fuhren wir nur ein oder zwei Stationen und sprangen auf dem gegenüberliegenden Gleis in den nächsten Zug.

Das ist Interrail für Anfänger, sagte ich.

In Adelschlag liefen wir bis zum Ortsende, um uns gegenseitig in wechselnden Posen vor dem gelben Schild zu fotografieren. Kinga hatte die Polaroidkamera dabei und sieben Filme. Sie nahmen den größten Teil ihres Rucksacks ein.

Für jedes Jahr, das wir uns nicht gesehen haben, einen Film, sagte sie und drückte auf den Auslöser. Sie zog eine Visitenkarte aus der Tasche, Kinga, die Polaroid-Fotografin, stand darauf. Und ihre Telefonnummer. Sonst nichts.

Die hat Tibor mir zum Geburtstag geschenkt, sagte sie, ist das nicht süß?

Sie zog den Umlaut in die Länge, als würde sie ein Baby beschreiben. Ich steckte ihre Karte in meine Gesäßtasche und wir fuhren weiter. Die Schweißflecken unter unseren Armen wurden größer, die Züge voller.

Frau von Hagen, darf ich's wagen, Sie zu fragen, wie viel Kragen Sie getragen, als Sie lagen krank am Magen, im Spital zu Kopenhagen, skandierte ich und forderte Kinga auf, es mir nach zu machen.

Sie lachte über das Wort Zungenbrecher und streckte mir ihre Zunge entgegen, ich schnappte mit einer Hand danach, als würde ich sie in der Mitte durchbrechen wollen.

Der dicke Dirk trug den dünnen Dirk durch den dicken, tiefen Dreck, fuhr ich fort, da dankte der dünne

Dirk dem dicken Dirk, dass der dicke Dirk den dünnen Dirk durch den dicken, tiefen Dreck trug.

Kinga kapitulierte und weigerte sich, den Unsinn nachzusprechen.

Der Zug verlangsamte und ich zog Kinga zur Tür. Wir stiegen in Pappenheim aus, sie hatte noch drei Filme übrig und Kinga fotografierte alle Bewohner des Ortes, die uns entgegen kamen. Es wurde ihre erste Serie, sie nannte sie *Die Pappenheimer* und wollte sie nach der Rückkehr im Café ihrer Budapester Uni ausstellen, die kleinen Bilder in großen Rahmen. Mein Magen knurrte, wir hatten Staub auf den Schuhen und die Sonne war hinter einer Wolkenfront verschwunden.

Wo wohnt deine Mutter mittlerweile?

Ich fuhr zusammen. Ich besaß nur eine Handynummer von meiner Mutter, aber keine Adresse. Sie bestand darauf, dass wir ihr weder Weihnachten noch am Geburtstag etwas schickten und erklärte meinem Vater, dass sie das einfach nicht verdient hätte und keine Belohnung dafür wollte, uns verlassen zu haben. Wir akzeptierten ihren Wunsch, auch wenn sie uns zwischendurch Karten schrieb und wir jedes Jahr vor den Weihnachtsfeiertagen ein Paket geliefert bekamen, auf dem der Absender fehlte.

Sie hat den Kollegen aus dem Architekturbüro geheiratet, sagte ich, sie waren lange zusammen in China. Mittlerweile wohnt sie mit ihm in einem Münchner Vorort.

Und du weißt nicht, in welchem?

So ist das eben.

Kinga näherte sich den Gartenzäunen mit den akkurat geschnittenen Hecken, die großen Grundstücke waren gut vor neugierigen Blicken geschützt. Sie studierte die Namen auf den Klingelschildern.

Vielleicht wohnt sie hier, sagte sie, oder hier oder hier. Ich wechselte auf die andere Straßenseite.

Mag sie Buchsbäume lieber als Kirschlorbeer? Würde sie einen Briefkasten in den spanischen Nationalfarben streichen oder die Besucher vor einem großen Hund warnen? Kann sie sich eher mit gehäkelten Gardinen identifizieren als mit Gartenzwergen in den Beeten?

Ich strich mit einer Hand über die Zaunstreben neben mir und zupfte Blätter von einem Bambus.

Meine Mutter wohnt hier, sie wohnt nicht hier, murmelte ich vor mich hin, meine Mutter wohnt hier, sie wohnt nicht hier ...

Könnte der Kollege Wagner heißen oder klingt Hutmöller vertrauter? Soll ich einfach mal klingeln und nach einem Architektenpaar fragen?

Abendessenzeit, rief ich ihr zu, und sie kam auf meine Seite. Die nächsten Meter legten wir schweigend zurück. Eine Frau auf einem Fahrrad überholte uns, in ihrem Korb stapelten sich die Einkäufe und als sie auf unserer Höhe war, rutschten ein paar Karotten zwischen den drahtigen Streben hindurch und landeten auf der Straße. Die Frau fuhr weiter ohne sich umzudrehen und ich war froh, dass Kinga ihr nicht hinterherlief und sie in ein Gespräch über meine Mutter verwickelte.

Mann, Mann, Mann, sagte Kinga, ich will doch nur helfen.

Ich hob die Karotten auf, kitzelte sie mit dem Blatt-
grün und sie rannte kreischend davon.

Ich habe Hunger, rief sie einem Ehepaar zu, das sich
in einem Vorgarten auf einer Bank sonnte. Wir kamen
an einer Bierstube vorbei, an zwei Dönerbuden und einem Kiosk. Kinga schüttelte jedes Mal den Kopf und lief
mit schnellen Schritten weiter. Ich hatte Mühe, mit ihrem Laufschritt mithalten zu können. Aber das war
auch am Balaton nicht anders gewesen. Kurz vor dem
Ortsschild zeigte Kinga auf ein handbemaltes Schild an
einem Fachwerkhaus.

Zum goldenen Löwen, las Kinga vor und fauchte.

Sie zog mich in das schummrig beleuchtete Wirts-
haus. Wir gingen an den Männern am Flipper vorbei
und setzten uns an einen der freien Tische. Die ausge-
stanzten Herzen auf den Stuhllehnen, die Hirschge-
weihe an den Wänden, die karierten Decken, es war
eine Dorfkneipe wie aus dem Bilderbuch und Kinga fiel
der Mund erst wieder zu, als die Bedienung mit ihrem
Notizblock vor uns stand. Nur die Musik passte nicht
zum Klischee, aus den Boxen kam AC/DC, Nashville
Pussy und Black Sabbath, Led Zeppelin, Monster Mag-
net und Thin Lizzy. Ich war versucht nachzusehen, ob
Johnny aus Grünwald hinter dem DJ-Pult sitze. Wir be-
stellten jeweils ein Weißbier und eine Schweinshaxn
mit Klößen, und Kinga fotografierte wie eine japanische
Touristin ihren Teller, vor dem Essen, während des Es-
sens, nach dem Essen. Sie war begeistert. Ein Mann mit
Bierbauch stellte sich an unseren Tisch und verwickelte
Kinga in ein längeres Gespräch, sein hellblaues Hemd

spannte am Bauch und ich wartete darauf, dass die Knöpfe absprangen. Er fragte, wo Kinga herkäme und sprach Englisch mit ihr, weil sie sein Bayrisch nicht verstand. Ich beobachtete die anderen Gäste, eine Gruppe Jugendlicher am Billardtisch, zwei Ehepaare am Tisch neben uns, eine einsame Frau in Tracht an der Bar. Der Mann drückte seinen Bauch gegen die Tischkante, legte eine Hand auf Kingas Stuhllehne und hatte leicht gerötete Wangen. Wir wechselten einen kurzen Blick und standen gleichzeitig auf, ich legte einen Zwanzig-Euro-Schein auf den Tresen. Der Mann rief uns Schimpfwörter hinterher. Ein Stuhl fiel um, Gläser klirrten, aber da standen wir schon auf der Straße, außer Atem. Auf dem Weg zum Bahnhof und auf der Rückfahrt schwiegen wir. Wir tranken aus der bauchigen Unicum Next-Flasche, die Kinga in ihrer Handtasche hatte, 0,75 Liter, sie bewahrte sie zwischen Kamm und kleinem Spiegel, ungarischem und deutschem Geld, Puder und Lipgloss auf. Drei Jungs in unserem Alter stiegen zwischendurch dazu, sie quetschten sich auf die zwei Sitze gegenüber und rochen alle nach demselben Parfüm. Kinga stieß mich mit dem Ellbogen an.

Welchen willst du, flüsterte sie mir ins Ohr, den mit den Locken, den mit den großen Ohren oder den mit der Brille.

Den mit den Segelohren, flüsterte ich zurück, aber was ist mit Simon?

Der Junge in der Mitte zog sich eine Mütze über, als er unsere Blicke bemerkte. Kinga ignorierte meine Frage, stand auf und zog den Jungen mit sich. Sie redete auf ihn ein und lief mit ihm zur Zugtoilette, er ging hinein, ließ die Tür angelehnt. Kinga kam zurück, drückte mir ein Kondom in die Hand und schob mich ebenfalls Richtung Toilette. Sie zwinkerte vielsagend, setzte sich wieder auf ihren Sitz und legte einen Arm um den Lockigen. Der Fahrtwind zog durch das offene Toilettenfenster, wehte mir meine Haare ins Gesicht und der Junge mit den Segelohren zog mich auf seinen Schoß, schob mir die Strähnen hinter die Ohren, wieder und wieder. Dann ging alles sehr schnell, Reißverschlüsse wurden aufgezogen, ein Rock nach oben geschoben, jemand hämmerte von außen gegen die Tür. Der Junge hatte Schweißperlen auf der Stirn, wich meinem Blick aus, klammerte sich an meinem Rücken fest. Ich hatte ein unbeschreibliches Gefühl erwartet und war überrascht, dass es nur weh tat wie ein Muskelkater am ganzen Körper. Zehn Minuten später war es vorbei, ich strich mein T-Shirt glatt, schob den Rock zurecht und der Zug hielt am Hauptbahnhof. Ich sprang aus dem Zug und lief Richtung Ausgang, ohne mich noch einmal nach dem Jungen umzudrehen. Kinga küsste ihn und seine Freunde auf die Wangen, einmal links, einmal rechts, einmal links. Dann rannte sie mir hinterher. Auf einmal juckte es mich, am Fuß, an den Beinen, am Rücken, überall. Kinga kam angerannt und lachte. Laut und lange. Für einen Moment mochte ich sie nicht besonders, sie hatte mich auflaufen lassen wie in der Candy Bar, mir den Abend verdorben und verhielt sich so, als müsste ich ihr unendlich dankbar sein. Doch als wir uns auf das Bett meiner Münchner Wohnung fallen ließen und Seite an Seite Kuhlen in die Matratze drückten, hatte ich ihr schon wieder vergeben. So war sie eben. Wir schliefen mit unseren Schnapsfahnen ein. Mitten in der Nacht trafen wir uns im Bad, dunkle Tuscheflecken unter den Augen, die Haare zerzaust. Wir tranken direkt aus dem Hahn und hielten unsere Handgelenke unter den kalten Strom. Kinga lehnte sich gegen die Kacheln an der Wand, legte die Hand auf den Bauch und fragte nach Lakritzschnecken. Ich erklärte sie für verrückt. Sie stolperte zu meinem Kühlschrank, trank abgestandene Cola light, aß ein paar Scheiben Salami aus der Packung und tunkte saure Gurken in den Frischkäsebecher. Unter der Bettdecke rollte sie sich neben mich, umklammerte eines meiner Handgelenke und schlief ein, bevor ich mich von ihr lösen konnte. Es blieb nicht bei den von ihr anvisierten vier Stunden, wir wälzten uns den ganzen Vormittag von Seite zu Seite, die Köpfe schwer von dem Ausflug in die Provinz.

Am Nachmittag packte ich eine Decke ein und wir fuhren zum Olympiapark, schoben unsere T-Shirts hoch bis unter die Brüste, schlossen die Augen und bräunten unsere Bäuche. Der Tag verschwamm in diesigem Licht.

Hejo, spann den Wagen an, seht der Wind treibt Regen übers Land, sang Kinga.

Den Kanon hatte ich ihr am Balaton beigebracht. Sie lag auf dem Rücken, streckte den rechten Arm in die Höhe und dirigierte. Auf ein Zeichen von ihr, sang ich die zweite Stimme. Mal zu hoch, mal zu langsam. Ihre rechte Hand fuchtelte in der Luft herum, damit ich aus der Schieflage herauskam. Es war hoffnungslos. Wir setzten uns auf, kramten unseren schnell in den Rucksack geworfenen Proviant hervor. Kinga bewarf mich mit Trauben, und ich imitierte Vogelstimmen.

Das war ein Bienenfresser, sagte ich.

Wir kauten am Baguette, brachen große Stücke vom Camembert ab, bissen in Cocktailtomaten.

Willst du meine Brüste sehen, fragte Kinga.

Ich riss die Augen weit auf und sie lachte nur.

Keine Angst, sagte sie, so sehr sind sie seitdem nicht gewachsen.

Wir ließen uns nach hinten fallen und nickten ein. Den Kopf im flachen Gras, zwischen vereinzelten Butterblumen, rotem Klee und Löwenzahn. Irgendwann stellte Kinga ihre Füße auf meine, zog mich nach oben.

Komm, sagte sie, ich muss zurück, ich muss zum Zug. Budapest wartet.

In der Küche ihrer Eltern, in der Wohnung in Buda, mehr als drei Jahre nach ihrem Besuch in München, fiel mein Blick auf den Abreißkalender an der Wand, 21 stand da. Ich blieb mit der Milchtüte in der Hand stehen und starrte auf die Zahl. Kinga war noch nicht aufgewacht, und ich hatte darüber die Zeit vergessen, das Monatsende rückte näher, das Ende des Urlaubs. Nach der ersten Unruhe und der Unbeholfenheit in der fremden Stadt vergingen die Tage so schnell wie früher die Sommerferien. Dieser große Brocken Zeit, der am Ende zwischen den Fingern zerbröselt. Das matte Kühlschranklicht auf dem Küchenboden erinnerte mich daran, die Tür zu schließen. Wie ferngesteuert lief ich zu Csabas Computer, der mit der Langsamkeit einer Weinbergschnecke hochfuhr. Wenige Minuten später kam meine Kündigung aus dem Drucker. Neben einem Becher mit Stiften und einer Schere lagen ein paar Briefmarken. Ich frankierte den Umschlag nach Gutdünken, lief in den Flur, zog mir eine Jacke über. Ich war frei. Arbeitslos. Ich ließ mir die Worte auf der Zunge zergehen. Frei. Arbeitslos. Ich würde nicht wie im Jahr zuvor am Tag der offenen Tür einen neuen Rekord im Brezelschwingen aufstellen. Ich würde in Budapest bleiben. Bis zum Ende. Was auch immer das hieß. Die Wolken hingen tief, die Pfützen waren noch nicht verschwunden, und ich musste mir auf Fußspitzen einen Weg hindurch suchen. Die beiden Nachbarskinder knieten in einer Pfütze und begutachteten ihr Spiegelbild, während ihre Mutter ein paar Meter weiter in die Hände klatschte und nach ihnen rief. Aus den Augenwinkeln sah ich, wie die Mutter ihre nassen Kinder aus der Pfütze zog, der Junge verlor seine Gummistiefel, das Mädchen schrie. Ich ging schneller, an einem Schuhladen und einem Reisebüro vorbei. In der Post warf ich die Kündigung in den großen Briefkasten im Eingangsbereich.

Viszontlátásra, sagte ich.

Ein alter Mann, der an einem der Schalter anstand, sah mir nach und klopfte mit seiner Gehhilfe einen seltsamen Rhythmus auf den Boden.

Vitalzeichen

Ich habe eine Zeitung geheiratet, sagte Èva und goss
mir Kaffee ein. Csaba war wie jeden Morgen erst ansprechbar, wenn er den Politikteil gelesen und den
Sport- und Wirtschaftsteil zumindest durchblättert
hatte. Die wichtigsten Artikel legte er zusammen mit
einem Taschenlexikon neben meinen Frühstücksteller,
damit ich mein Ungarisch verbessern konnte. Er wies
mich darauf hin, dass ich die Artikel nicht in den Pa-
piermüll werfen dürfte, da er sie abends noch ein zweites Mal durchgehen oder in sein Album kleben wollte.
Er gab mir nicht nur Berichte über die Lage in Ungarn
und die Fernsehredakteure, die ihren Hungerstreik aus
gesundheitlichen Gründen nach 22 Tagen aufgegeben
hatten, ich las in seinen Artikeln auch, dass Occupy Wall
Street den Zucotti-Platz in Manhattan besetzt hatte,
dass die griechische Regierung trotz Protesten 1000
Staatsbedienstete entlassen wollte und dass Papst Be-
nedikt XVI. als erster Papst eine Rede im Bundestag gehalten hatte. Ich las, dass in Libyen die Rebellen das
Zentrum der Hauptstadt Tripolis erobert hatten, dass
Gerlinde Kaltenbrunner als erste Frau alle 14 Achttau-
sender ohne Sauerstoffgerät bezwungen hatte und dass
der Hurricane Irene mit einer Windgeschwindigkeit

von bis zu 140 Stundenkilometern auf die amerikanische Ostküste getroffen war.

Kinga hat beim Lesen regelmäßig ihren Kaffee auf die Zeitung tropfen lassen oder die Artikel mit Marmeladenflecken dekoriert, sagte Èva, eines Tages erlaubte Csaba ihr nur noch, den Kulturteil zu lesen und alles andere war für sie tabu.

Während Èva erzählte, blieb mein Blick auf der Rückseite eines Artikels hängen, einem Porträt des kanadischen Immunforschers Ralph M. Steinman, dem der Nobelpreis für Medizin verliehen worden war, ohne dass die Jury ahnte, dass er kurz vor der Entscheidung verstorben war. Auf einen Schlag erinnerte ich mich an die Namen der früheren Preisträger, an das alte Spiel zwischen meinem Vater und mir. Tonegawa Susumu, James Whyte Black und Gertrude Belle Elion, sagte ich vor mir auf.

Mein Vater hatte nie viel von seinem Klinikalltag berichtet. Meistens sprach er lieber über allgemeine Forschungsergebnisse als über seine eigene Arbeit. Um für Nachfragen in der Schule gewappnet zu sein, hatte ich den Wikipedia-Artikel über Anästhesie unzählige Male gelesen, er bildete das Rückgrat meines Wissens über den Fachbereich meines Vaters. Das Einzige, was ich mitbekommen hatte, war der Hintergrunddienst. Er musste dann zu Hause 24 Stunden lang für seine Station erreichbar sein, sobald im OP, auf der Intensivstation oder im Schockraum etwas nicht nach Plan verlief, wurde er angerufen. Wenn viel los war oder eine neue

Assistentin in der Anästhesie angefangen hatte, klingelte alle zwei Stunden das Telefon. Mein Vater bekam kaum ein Auge zu und am nächsten Tag ging es für ihn ohne Verschnaufpause mit einer normalen Schicht in der Klinik weiter. Er trank morgens immer Kräutertee, doch nach den Nachtdiensten ließ er sich von Carolina besonders starken Kaffee kochen, den er trank, als wäre es Wasser. Einmal war ich von einer Party nach Hause gekommen, und hatte vermieden das Licht anzuschalten. Im Wohnzimmer stolperte ich über die Füße meines Vaters, der auf dem Boden saß, gegen das Ledersofa gelehnt, und durch die große Fensterfront nach draußen sah.

Alles okay, fragte ich und ließ mich neben ihn sinken.

Harter Tag, sagte er und schloss die Augen. Er hatte übersehen, dass ein Kollege auf einer Fortbildung war, und so die ganze OP-Koordination durcheinander gebracht. Ein paar Kollegen hatten spontane Überstunden machen müssen, das Chaos sei groß gewesen. Sein OP-Team habe sich wie eine Karnickel-Großfamilie verhalten, die nach langer Zeit im Käfig auf einmal frei gelassen wurde und in alle Richtungen stob, ohne ein genaues Ziel vor Augen zu haben. Mein Vater stand auf und öffnete ein Fenster, die kalte Luft zog herein und blähte die Gardinen, bis sie aus den Raffhaltern rutschten.

Du kannst dir nicht vorstellen, wie viele seltsame Patienten es gibt, sagte mein Vater und listete die schwierigsten Fälle für eine Narkose auf: sehr übergewichtige Patienten waren schwer zu beatmen, alle kreislaufinstabilen oder sehr alten Patienten brauchten besondere Aufmerksamkeit und Patienten mit einem Tumor im Mundbodenbereich, einer Gebissfehlstellung oder einer großen Schilddrüse musste er in wachem Zustand intubieren, um sie anschließend zu narkotisieren.

Wenn jemand nach dem Beruf meines Vater fragte, sagte ich: Er betäubt Menschen. Erst in dieser Nacht wurde mir klar, wie geheimnisvoll die Narkosen für meinen Vater waren, was für ein Druck auf ihm lag, wenn er nach Risikogruppen Ausschau hielt und seine Patienten erst nach einer detaillierten Anamnese in den Operationsraum schickte, da je nach Familien- oder Krankheitsgeschichte bestimmte Anästhesiemittel fatale Nebenwirkungen haben konnten. Er erklärte mir, dass Patienten mit einer bestimmten vererbten Veranlagung auf ein Narkoseverfahren unter Umständen mit gesteigertem Stoffwechsel reagierten, was lebensgefährlich sein könnte. Für diese Fälle mussten sie immer ein bestimmtes Medikament vorrätig haben, seine Assistenten überprüften täglich den Medikamentenschrank. Erst als mein Vater Begriffe wie inhalative Anästhetika und Succinylcholin fallen ließ, verabschiedete ich mich und ging ins Bett.

Erde an Anna, sagte Èva und schnipste mit den Fingern.

Als Csaba mit einer Packung Lebkuchen aus der Küche zurück zum Frühstückstisch kam, schrie Èva auf.

Wie kannst du nur, sagte sie, es ist Oktober.

Ich habe auch noch Dominosteine, Spekulatius und Marzipankugeln aus dem Supermarkt mitgebracht, sagte Csaba und setzte sich wieder zu uns an den Tisch. Er biss genüsslich abwechselnd in einen schokolierten und einen glasierten Lebkuchen.

Bald wollen wieder alle Freunde wissen, wo wir den letzten Tag des Jahres verbringen und jeder will sich darum drücken, bei sich zu Hause zu feiern, sagte Èva.

Ich würde vorschlagen, wir legen uns Wärmflaschen auf die Füße und schlafen in das neue Jahr hinein, sagte Csaba.

Ich erzählte den beiden von Enrico Caruso, der nur in der Gesellschaft von blonden Menschen feierte, da er glaubte, dass ihm ein Abend mit Dunkelhaarigen zwölf unglückliche Monate bescherte. Von Henrik Ibsen, der an Silvester den Anblick von Tinte und Papier vermied, um nach dem Jahreswechsel nicht an einer Schreibblockade zu leiden und von Goethe, der mit Hilfe des ersten Wortes, das er nach Mitternacht hörte, sich selbst seine Zukunft vorhersagte. Die Kirchturmglocken läuteten, und Èva zählte jeden der elf Schläge mit den Fingern mit, dann klatschte sie in die Hände.

Aufstehen und abräumen, sagte sie.

Csaba schob sich den Rest des Lebkuchens in den Mund und trug sie zum Sofa.

Du bleibst liegen, sagte er und legte die Wolldecke über ihre Beine, Anna und ich bringen die Küche auf Vordermann.

Das machst du nur, weil du deinen Süßigkeitenvorrat plündern willst, sagte Èva.

Csaba legte mir einen Arm um die Schulter und während er das Geschirr in die Spülmaschine räumte, sang

152

er *Leise rieselt der Schnee*, bis Èva in die Küche kam, ihn in die Decke wickelte und ins Wohnzimmer abführte, wo sie ihm mit einem Kissen den Mund stopfte. Ich ging ins Bad und hörte ihre gedämpften Stimmen durch die angelehnte Tür. Erst als zwischen den ungarischen Wörtern mehrmals mein Name fiel, hörte ich genauer hin. Ich verstand, szobá für Zimmer, vendég für Gast, drága für teuer. Meine Anwesenheit in der Wohnung war offenbar nicht so erwünscht, wie ich angenommen hatte. Hielten sie mich wirklich für einen teuren Gast? Ich lehnte den Kopf gegen die kalten Kacheln, bis mein Herz wieder ruhiger schlug. Vor dem Spiegel setzte ich mir Kingas Lammfellmütze auf, schlüpfte in ihren fuchsroten Mantel und die schwarzen Stiefel mit den abgewetzten Spitzen. Ich schlich in den Flur.

Sziasztok, rief ich Èva und Csaba zu, bevor ich die Tür hinter mir ins Schloss fallen ließ.

Auf dem Weg zur Bahn kam ich an einem Blumenladen vorbei, der mir bisher noch nicht aufgefallen war. Doch als ich in meinem gebrochenen Ungarisch fragte, seit wann es das Geschäft gäbe, drehte sich die Verkäuferin zu mir um.

Seit zehn Jahren, sagte sie.

Es war die Nachbarin aus dem Haus gegenüber. Ich kaufte einen Strauß Gerbera, und als ich das Wechselgeld aufsammelte, hatte sie sich schon wieder ihren Chrysanthemen zugewendet. An der Haltestelle schob ich mich im letzten Moment zwischen den Türen hindurch, die ein älterer Mann für mich aufhielt. Zu spät bemerkte ich, dass die Polstersitze durchweicht waren und nach Bier stanken. Den Rest der Fahrt hielt ich mich an den Haltegriffen fest, schwankte in den Kurven hin und her und stieg eine Station zu früh aus, weil ich gedankenverloren dem älteren Mann folgte. Ich lief die Straße entlang und ein vorbeifahrendes Auto, das ungebremst durch eine Pfütze fuhr, spritzte mir Wasser auf die Jacke.

Neun Mal war ich zur Klinik gefahren, neun Mal war ich vor Kingas Zimmer umgedreht. Bei meinem zehnten Besuch hielt mich kurz vor der Intensivstation, nur wenige Meter vom Ziel entfernt, ein Arzt an der Schulter fest. Ich erfuhr, dass ich die Station nur betreten durfte, wenn ich mich vorher am Besuchereingang angemeldet hatte und ein Mitarbeiter meinen Besuch über die Sprechanlage anmelden konnte. Ich würde dann abgeholt werden.

Können wir nicht eine Ausnahme machen, sagte ich, nur heute, nur für mich?

Zu wem wollen Sie?

Kinga Kovács.

Stehen Sie auf der Liste der Angehörigen und engen Freunde?

Ich bin ihre Schwester, sozusagen.

Kommen Sie mit.

Er führte mich zum Eingang der Station, rief nach einer Kollegin und zeigte mir den Desinfektionsmittelspender. Ich verrieb das Sterilium zwischen den Händen. Wie zu Hause, dachte ich und atmete den vertrauten Geruch ein. Ich hatte so lange gebraucht, um den Weg zur Intensivstation zu finden und nun kam mir alles ganz einfach vor, so als ob ich meinen Vater auf der Arbeit besuchen würde.

Die haben hier leider nichts zu suchen, sagte die Schwester und nahm mir die Blumen aus der Hand.

Sie dürfen nichts im Zimmer ablegen, der Boden und das Bett sind tabu, verstanden?

Ich setzte mich auf einen der zwei Stühle neben Kingas Bett. Auf einen Schlag kam die Unsicherheit zurück und mit ihr die wackligen Knie, der unruhige Atem, die verschwitzten Hände. Was wollte ich hier? Ich konnte doch ohnehin nichts bewirken. Der Schrank stand offen, ein roter Bademantel baumelte an einem der vielen Bügel, in den Fächern lagen ein paar T-Shirts zum Wechseln, Nachthemden, ein Pullover. Èva hatte mir die wichtigsten Geräte beschrieben, die Kinga künstlich am Leben hielten, sie hatte sich von den Ärzten jedes Detail erklären lassen, um sich nicht ganz so hilflos zu fühlen. Ich zwang mich dazu, den Blick nicht abzuwenden, mir die Schläuche genau anzusehen, die an Kingas Körper klebten. Im Mund hatte sie einen Tubus, der durch ihre Stimmritze in die Luftröhre eingeführt wurde und eine Mischung aus Luft und Sauerstoff in ihre Lungen transportierte. Ich hatte vergessen, wofür diese dünnen Schläuche an ihren Armen zuständig waren, Venenkatheter, hatte Èva sie genannt. Vermutlich bekam sie darüber Medikamente oder Nährlösungen gespritzt, oder hatte sie dafür den anderen Schlauch, der in ihre Nase führte? Ich starrte auf das unförmige Gerät hinter dem Bett, die grünen und roten Kurven und Zahlen, die man aus dem Fernsehen kennt und die mir trotzdem vollkommen rätselhaft erschienen, Herzfrequenz fiel mir noch ein. Ich fragte mich, wie Èva in dieser Atmosphäre mit Kinga sprechen und den Blick von den Schläuchen abwenden konnte, als sich hinter mir eine Schwester räusperte. Es war eine andere als zuvor. Mit ihrem rundlichen Gesicht und dem kurzen Pony sah sie aus wie eines dieser Mädchen, die für Modeblogs posierten und nie eine andere Kleidergröße als 34 im Schrank hatten. Neben ihr stand Tibor, in einem roten ausgeleierten Pullover, den ich noch nicht kannte, und den braunen Jeans, die er fast täglich trug.

Darf ich, fragte er und zeigte auf den Stuhl neben mir. Ich wollte gerade gehen.

Beim Aufstehen kam ich ins Stolpern und hielt mich an der Schwester fest, ihr Kittel verrutschte und entblößte eine nackte Schulter.

Wartest du in der Cafeteria auf mich, fragte Tibor.

Ich nickte und schwankte in den Flur. Der Mann mit dem Urinbeutel kam mir entgegen, er setzte schleppend einen Fuß vor den anderen. Ich öffnete einen Fensterflügel im Flur und hielt mein Gesicht in die kalte Luft. Aus dem Augenwinkel sah ich, wie die Schwester ihren Kittel zurechtrückte und in ihre Handinnenfläche spuckte, um sich den Pony glatt zu streichen. Der Mann mit dem Urinbeutel näherte sich ihr von hinten und klammerte sich an ihr fest, fast hätte er sie zu Boden gerissen. Sie redete leise auf ihn ein, bis er sich beruhigte und langsam mit ihr zu seinem Zimmer lief, ich starrte auf seine nackten Füße in den Adiletten, die schwarzen, gekräuselten Haare auf dem großen Zeh. Als er mich sah, schwang er erneut

156

seine Krücke in der Luft, um mich auf Abstand zu halten. Die Schwester ließ ihn stehen und zog mich beiseite.

Sie erinnern ihn vermutlich an seine Tochter, sagte sie, ich habe das schon mehrmals beobachtet. Blonde Frauen haben bei ihm keine guten Karten.

Der Mann setzte sich auf den Flurboden und starrte vor sich hin, seine Schlafanzughose war verrutscht und ich sah die Ritze zwischen seinen Pobacken.

Seine Tochter hat ihn kein einziges Mal besucht, seit er in der Klinik liegt, sagte die Schwester, ich habe sie mehrmals angerufen, aber sie will nicht mit mir sprechen und mit ihm schon gar nicht. Er hat kaum Verwandte, nur eine Nachbarin kommt einmal die Woche vorbei und liest ihm aus dem Guinnessbuch der Rekorde vor, aus irgendwelchen Gründen ist das seit Jahren sein Lieblingsbuch.

Der Mann hustete so stark, als müsse er einen Stein den Rachen hinauf befördern, die Schwester entschuldigte sich und schob den Mann durch die Flügeltür ins Treppenhaus. Ich sah ihnen lange nach, schloss das Fenster und fuhr mit dem Aufzug ins Erdgeschoss. In der Cafeteria ließ ich mich an einem leeren Tisch auf einen Stuhl sinken und hielt mir eine kalte Flasche Cola light an die Stirn. Ein paar Meter weiter lehnte sich ein Arzt gegen die gläserne Fassade, die mich an das Material erinnerte, das meine Mutter während der Telefonate mit ihren Kunden so oft angepriesen hatte.

Transluzenter Siebdruck ist lichtdurchlässig, aber immun gegen zu tiefe Einblicke von außen, sagte sie dann, die perfekte Kombination für medizinische Räume.

Der Arzt hatte ein Klemmbrett in der Hand und unterhielt sich mit einer Kollegin, die zwischendurch ihre Hand auf seinen Arm legte. Er sah sie nicht an, während sie redete und fixierte seine Schuhspitzen, die Flecken auf dem Linoleum und eine halbtote Fliege, deren Flügel noch zuckten. Als sie eine Weile auf Blickkontakt gewartet hatte und stattdessen nur die kahlen Stellen auf seinem Hinterkopf hatte begutachten dürfen, stampfte sie mit einem ihrer weißen Turnschuhe auf und ließ den Arzt schweigend zurück. Sie verließ den Raum so schnell, dass er sie nicht mehr zurückhalten konnte, und sein reflexartig nach ihr ausgestreckter Arm blieb einen Moment nutzlos in der Luft hängen. Ich malte mir ihre monatelange Affäre aus, die in der Klinik nicht lange geheim geblieben sein konnte, und stellte mir vor, dass die Kollegin dem Arzt in der Cafeteria ein Ultimatum gestellt hatte, sich binnen 24 Stunden zu entscheiden, sonst würde sie seine Vorlieben auf der Pinnwand im Aufenthaltsraum veröffentlichen, direkt neben dem Dienstplan. Als Kind hatte ich mir abends vor dem Einschlafen oft Katastrophen ausgemalt. Ich stellte mir vor, wie Einbrecher mit Strumpfmasken durch die Fenster kletterten und die teuren Teppiche zusammenrollten, die Designerlampen einluden und sogar die Schmuckschatullen meiner Mutter in ihrem Geheimversteck in der Besenkammer entdeckten. Erst neben Kingas Krankenbett wurde mir klar, dass Katastrophen nicht laut waren, dass kein Glas klirren und keine Waffen gezückt werden mussten. Nichts war gespenstischer als die Stille.

Hattest du Blumen dabei, fragte Tibor. Er ging neben meinem Tisch in die Knie und strich über den Stoff von Kingas Mantel.

Gerbera.

Ist mir auch passiert.

Er hielt sich an der Tischplatte fest, seine Hände zitterten, als hätte er zu viel Alkohol getrunken. Ich hätte ihn gerne in den Arm genommen. Meine Finger bewegten sich jedoch nicht. Eine Angestellte sammelte das schmutzige Geschirr ein, ihre Turnschuhe quietschten bei jedem Schritt.

Hast du Pál schon gefunden?

Er antwortete nicht und wandte den Blick ab. Patienten liefen mit Plastiktabletts an uns vorbei, auf denen eingeschweißte Salamibrötchen, Puddingbecher oder Schokoriegel lagen. Als Zoltán auf einmal vor uns stand, erkannte ich ihn an seinen in der Mitte verwachsenen Augenbrauen. Auch von dem falsch zugeknöpften karierten Hemd, hatte Tibor mir schon erzählt, in einer Abstimmung, die in der Schülerzeitung veröffentlicht wurde, hatte es Zoltán den ersten Platz in der Kategorie »schlecht gekleidete Lehrer« eingebracht.

Zoltán hatte Kinga besuchen wollen, zum ersten Mal, er hatte nicht gewusst, dass es Besuchszeiten gab (17 bis 19 Uhr) und eine Besucherliste (die Angehörigen, enge Freunde, sonst niemand). Er musste unverrichteter Dinge umkehren.

Wir lassen dich auf die Liste setzen, sagte Tibor, Anna kümmert sich darum.

Er stellte uns vor. Zoltáns Händedruck war so fest, dass einer meiner Knöchel knackte, er entschuldigte sich umgehend.

Du kannst mich Zoli nennen, sagte er.

Wenn Tibor von Zoli erzählte, kam das immer überraschend. Er fing meistens damit an, wenn ich gerade gehen wollte und schon die Jacke angezogen hatte.

Stell dir vor, sagte Tibor dann, Zoltán hat einen Koffer voller Frauenkleider in der Größe XL von einem verstorbenen Onkel vererbt bekommen und niemand weiß, woher er die Kleider hat. Seiner Frau können sie nicht gehört haben. Die hätte zweimal in die Kleider gepasst. Und im Testament steht nur *Für Zoltán*, sonst nichts.

Stell dir vor, sagte er ein anderes Mal, Zoli braucht dringend eine Freundin. Er hat mich gefragt, wie oft ich meine Bettwäsche wasche und ob es zu wenig ist, wenn er sie einmal im Jahr zu seiner Mutter bringt. Er wollte wissen, was ich für Rezepte beherrsche und ob es eine einfache Alternative zu Nudeln mit Ketchup gäbe, die er sich nach der Arbeit kochen könnte.

Tibor und Zoli nahmen mich in die Mitte, und wir fuhren ein paar Stationen mit der Straßenbahn, Richtung Innenstadt. Sie mochten das Viertel rund um die Klinik nicht, sie hatten es schon vor dem Unfall nicht gemocht und konnten nicht einmal sagen, warum. Zoli redete auf Tibor ein, er gestikulierte aufgeregt und ich fragte mich, ob es um Politik ging oder um Kinga. Ich zog die Ärmel meines Wollpullovers über die Hände, es war kalt geworden.

Was hast du nur, sagte Tibor, so ist das im Herbst.

Wir stiegen am Déak Ferenc Tér aus, und ich überlegte, wie ich Zoli loswerden könnte, er wollte nicht aufhören zu reden und ich verstand fast nichts davon, Tibor hatte das Übersetzen schnell aufgegeben, er kam ohnehin nicht hinterher.

Stell dir vor, sagte Tibor, als Zoli für einen kurzen Moment in einem Buchladen verschwand, stell dir vor, Zoli ist verliebt. Sie ist Referendarin an seiner Schule.

Durch das Schaufenster konnte ich sehen, wie Zoli sich über einen Stapel Bücher beugte und das Cover so dicht vor seine Augen hielt, als sollte er längst eine Brille tragen. Eine Verkäuferin verwickelte ihn in ein Gespräch.

Sie kennen sich erst seit ein paar Monaten, sagte Tibor, und er weiß nicht, wie er mit ihr in ein längeres Gespräch kommen soll, in dem sie nicht nur über die Kollegen in der Schule reden oder über die Problemkinder in ihren Klassen. Sie haben wenig Berührungspunkte und keine gemeinsamen Fächer, sie unterrichtet Mathe und Physik, er Sport und Englisch. Er bringt jeden Tag Kuchen in Tupperdosen mit, um ihr etwas anbieten zu können und isst jedes Mal ein Stück mit ihr. Sein Bauch ist proportional zu seinen Gefühlen gewachsen, die Knöpfe seiner Hemden spannen schon.

Zoli verließ den Laden und stellte sich mit einem Buch über schwarze Löcher neben uns. Er will sich weiterbilden und ihr Themenuniversum betreten, übersetzte Tibor mir später. Wir liefen ins jüdische Viertel, und ich erkannte die Straßenzüge wieder, das Antiquariat musste ganz in der Nähe sein. Ein paar Studenten überholten uns, sie hatten zusammengerollte Transparente und Schilder aus Karton in der Hand und als Zoli die regierungskritischen Slogans entdeckte, wurde er langsamer. Elég volt, riefen die Studenten, es reicht. Tibor mischte sich unter sie, er kannte ein paar von ihnen vom Sehen und wollte wissen, wo die Demo stattfand.

Ich gehe, sagte Zoli, ich muss meinen Unterricht vorbereiten.

Willst du dir nicht wenigstens anhören, was die Demonstranten zu sagen haben?

Die Sprüche kenne ich nur zu gut. Wollt ihr wirklich statt Orbán wieder einen Ministerpräsidenten, der offen zugibt, die Wähler betrogen zu haben? Der bekennt, dass seine Partei in vier Jahren nichts für das Land getan hat und nur durch hunderte Tricks die Wahlen gewonnen hat? Wie naiv seid ihr eigentlich?

Zoli drehte sich auf dem Absatz um und verschwand, ohne eine Antwort abzuwarten.

Immer verdrückt er sich, wenn es spannend wird, sagte Tibor, aber ganz Unrecht hat er nicht. Zoli redet von einem Tonbandprotokoll einer Fraktionssitzung, das vor ein paar Jahren heimlich der Presse zugespielt wurde. Wir haben am Morgen, am Abend und in der Nacht gelogen, hat der damalige Ministerpräsident gesagt. Die Folgen davon kennst du ja: Orbán hat die Wahlen gewonnen. Mit Zweidrittelmehrheit. Und jetzt kann er machen, was er will.

Lügen gehört doch zur Politik wie Butter zu einem Kuchen, das kann es doch allein nicht sein.

Stell dir einfach vor, du bist in einem Land, das jahrelang über seine Verhältnisse gelebt hat. Ein Land, in dem Regierungsparteien übertriebene Wahlgeschenke machen und eine 13. Monatsrente einführen. Nach der Wirtschaftskrise hat Ungarn die Staatsschulden nicht mehr in den Griff bekommen, seitdem wird alles nur schlimmer und schlimmer. In Panik rennt jeder zum erstbesten Notausgang. Orbán hat es verstanden, zum richtigen Zeitpunkt die Tür aufzuhalten.

Auf dem Platz vor der Oper hatten sich so viele Protestierende versammelt, dass die Polizei das Treiben aus sicherer Entfernung beobachtete, aber nah genug, um sofort einzugreifen. Eine Frau drängte sich an uns vorbei, *The phantom of the failure is there* stand auf ihrem Schild, daneben hatte sie ein Foto von Orbán geklebt, es war das Konterfei, das ich von den Zeitungsartikeln kannte, die Csaba mir Tag für Tag unter den Rand des Frühstückstellers klemmte.

In der Oper findet ein Festakt für das neue Grundgesetz statt, das bald verabschiedet werden soll, erklärte Tibor, die ganze Regierung ist versammelt. Sie haben die Kompetenzen des Verfassungsgerichts beschnitten und die Unabhängigkeit der Justiz eingeschränkt, nun wollen sie unser Land umbenennen. Statt Republik Ungarn soll es bald nur noch Ungarn heißen.

Tibor streckte seinen Arm hoch über den Kopf und filmte mit seinem Handy die Demonstranten, zwischendurch stimmte er in die Sprechgesänge ein.

Demokráciát, rief er, als ihm eine Frau auf den Fuß trat. *Hey Europe, sorry about my prime minister*, stand auf ihrem Schild, das sie an einer Holzlatte befestigt hatte und über ihrem Kopf hin und her schwenkte. Tibor ließ sich meine Polaroid geben und fotografierte die Demonstranten, die Fotos drückte er mir in die Hand.

Heb sie gut auf, sagte er.

Ich schob die Fotos in meine Jackentasche und als ich wieder aufsah, war Tibors blaue Mütze zwischen den anderen Köpfen in der Menge verschwunden. Immer verdrückt er sich, wenn es spannend wird, dachte ich, ich muss mir etwas einfallen lassen.

Die kürzer und kälter werdenden Tage verströmten eine Melancholie, die ich nur schwer aushielt. Ich lieh mir Bücher aus und kam über die ersten Seiten nicht hinaus, ließ mir von Èva neue Rezepte beibringen und hörte nur mit einem Ohr zu. Ich stöberte im Wohnzimmer in Csabas gut sortierter Filmsammlung, startete wahllos einen der Filme und stellte den Ton nach wenigen Minuten auf lautlos. Ein Nebenjob könnte helfen, dachte ich, am besten ein Nebenjob, der in Tibors Nähe stattfand. Am nächsten Tag suchte ich mir einen ruhigen Platz in der Stadtbibliothek und stapelte Ratgeber neben mir: *Schritt für Schritt zum perfekten Bild*, *Photoshop für Einsteiger*, *Basiswissen Komposition*. Ich machte mir Notizen zu den wichtigsten Werkzeugen, wiederholte flüsternd die fremden Begriffe und sah mir die Beispielbilder genau an. Am Nachbartisch beugten sich zwei Teenager gemeinsam über ein Buch und pressten ihre Körper eng aneinander, ein Junge mit Hornbrille stand vor dem Regal mit griechischer Mythologie und eine Studentin in einem schicken Kostüm stolzierte den Gang zu den Toiletten entlang. Sie überholte einen Angestellten mit Wischmob und Putzeimer, der das gleiche Hemd wie Csaba trug und einen ähnlich gemächlichen Gang hatte. Ich drehte nachdenklich eine dünne Haarsträhne zwischen den Fingern, dann stand ich auf und folgte dem Mann, der in der Herrentoilette verschwand. Ich hörte eine Klospülung, laufendes Wasser, das Klirren von Münzen. Ein älterer Mann kam mir entgegen und schloss verschämt seinen Hosenschlitz, als sich unsere Blicke begegneten. Ich öffnete die Tür und sah in Csabas überraschtes Gesicht. Seine Hände steckten in Gummihandschuhen, eine verschwitzte Strähne klebte auf seiner Stirn. Er warf einen vollen Müllsack Richtung Waschbecken und traf versehentlich einen Eimer mit dreckigem Wasser, der sofort umfiel. Csaba fluchte.

In einer halben Stunde habe ich Pause, sagte er, dann erkläre ich dir die ganze Geschichte in der Cafeteria.

Ich verließ die Toilette im Krebsgang, stellte meine Bücher zurück ins Regal und lief mit schnellen Schritten die Treppenstufen nach unten. Am Tresen bestellte ich zwei Rosinenschnecken und zwei Tassen Kaffee, setzte mich an einen Fenstertisch und sah nach draußen, auf die durchweichten Plakate an den Litfaßsäulen, die vorbeieilenden Passanten mit Regenschirmen und einen Angestellten der Stadt, der Falschparkern

Knöllchen unter die Scheibenwischer klemmte. Als Csaba kam, setzte er sich auf den Stuhl neben mir, obwohl die beiden gegenüberliegenden Plätze noch frei waren. Er nippte am Kaffee und sah sich nervös in alle Richtungen um.

Mein Chef hat mich dabei erwischt, wie ich während der Dienstzeit am Computer einen meiner Leserbriefe geschrieben habe. Er stand hinter mir und hat jedes Wort gelesen, ich habe ihn erst bemerkt, als er mit der Faust auf den Stapel ausgeschnittener Zeitungsartikel hämmerte. In scharfem Ton erklärte er mir, dass er mein Verhalten nicht dulden und mich versetzen würde. Seitdem gehöre ich zum Reinigungspersonal.

Er tunkte ein Stück der Rosinenschnecke in seinen Kaffee und schob sich das durchweichte Gebäck schnell in den Mund.

Es ist eine Farce, fuhr er fort, sie haben nur nach einer Gelegenheit gesucht, um mich loszuwerden. Ich bin der Einzige, der sich offen für die Opposition ausspricht, in den letzten Monaten saß ich in der Mittagspause immer alleine an meinem Tisch.

Ich legte eine Hand auf seinen Arm, und Csaba schloss die Augen.

Am liebsten würde ich kündigen, sagte er, aber wir brauchen das Geld, Èva und ich. Einen anderen Job werde ich im Moment nicht finden, die Schlangen vor den Arbeitsämtern sind lang genug.

Wir machen das so, sagte ich, ab sofort zahle ich dir Miete für das Zimmer. Meine Eltern haben genug Geld für uns alle.

Csaba legte seine Brille vor sich auf den Tisch und sah mich mit kleinen Augen an.

Das kann ich nicht annehmen.

Widerspruch ist zwecklos.

Bleibt das unter uns?

Ich nickte.

Und kein Wort zu Èva?

Kein Wort zu Èva.

Wir besiegelten den Pakt mit einem Handschlag. Csaba drückte fest zu und lockerte seinen Griff erst, als in einer Durchsage alle Besucher gebeten wurden, sich wegen Schließung in Richtung Ausgang zu begeben.

Später am Tag bat ich Tibor um seinen Laptop. Ihm war entgangen, dass meiner längst repariert und wieder voll funktionstüchtig war und so willigte er ein, ohne Fragen zu stellen. Ich erzählte ihm von meinem vermeintlichen Geburtstagsgeschenk für Csaba, für das ich Fotos und ein Bildbearbeitungsprogramm benötigte, und er schob mir die Ordner mit seinen besten Bildern auf den Desktop. Ich klickte mich durch die Sammlung und versuchte, mein theoretisches Wissen aus den Bibliotheksbüchern anzuwenden. Ich zauberte Tibor Hüte auf den Kopf, stellte ihn vor die Pinakothek und das Hofbräuhaus und ließ ihn in eine Brezel beißen. Ich öffnete ein Foto, auf dem Kinga und Tibor Arm in Arm vor ihrem schiefen, grünen Zelt standen. Ich schnitt Kingas Umrisse behutsam aus und fügte ein Bild von mir ein, er hatte mich auf unseren Streifzügen durch Budapest manchmal aus Spaß posieren lassen. Unser erster gemeinsamer

Schnappschuss, dachte ich. Sein Arm hing lässig über meiner Schulter, und er trug nur eine blaue Badehose. Ich stellte mir vor, wie ich im örtlichen Tante-Emma-Laden das Frühstück einkaufte, während er auf dem Campingkocher Wasser für den ersten Kaffee des Tages erhitzte, wie wir uns Handtücher über die Schultern legten und zum Ufer liefen. Wie wir uns mit einer französischen Großfamilie anfreundeten, die ihr Zelt neben uns aufgebaut hatte, und abends auf einer Gitarre mit nur fünf Saiten Chansons spielten, ohne die richtigen Töne zu treffen. Ich sah jedes Detail dieses Urlaubs so genau vor mir, als wäre es wirklich passiert, oder noch besser, als könnte es noch passieren, in einer nahen Zukunft, im nächsten Sommer vielleicht. Ich starrte auf den Bildschirm, bis die Gesichter vor meinen Augen verschwammen, dann löschte ich alle Bearbeitungen und lief dreimal um den Block, um die enge Badehose, das grüne Zelt und den See aus meinen Gedanken zu verjagen.

Bei unserem nächsten Treffen gab ich Tibor den Laptop zurück und streute bei jeder Gelegenheit mein neu erworbenes Wissen ein. Wenn Tibor von einem Shooting erzählte und in Judits Café ein paar Aufnahmen aus der Tasche zog, fragte ich nach Gradationskurven und Tonwertkorrekturen, Beschneidungspfaden und Verflüssigungsfiltern, Alphakanälen und Maskenkanten.

Brauchst du jemanden, der dir Arbeit abnimmt? Ich könnte deine Bilder bearbeiten. Oder soll ich die Beautyretusche für die Brautpaare übernehmen?

Tibor schüttelte den Kopf.

Das mit dem ungarischen Job ist eine gute Idee, aber ich arbeite alleine am besten. Wir finden etwas anderes für dich, versprochen.

Wo war das Bereichsreparaturwerkzeug für Gespräche?

Der abgewetzte Parkettboden, die billigen Popsongs, die Judit seit über einer Stunde abspielte, das viel zu laute Paar am Nachbartisch. Alles passte zu meiner Stimmung.

Ich hab's, sagte Tibor schließlich und ging zielstrebig zum Tresen.

Er quetschte sich an ein paar Getränkekisten vorbei und verschwand in der Küche. Nach einer Weile kam er mit Judit zurück. Die beiden stellten sich vor mich und sahen mich prüfend an.

Rendben, sagte Judit schließlich, ich bin einverstanden.

Schnaps für alle, rief Tibor und dann erklärten sie mir, was sie sich überlegt hatten. Ich sollte im Café aushelfen, aber nicht einfach Tassen und Teller hin und her tragen, sondern Judit beim Backen zur Hand gehen und das Kuchen- und Tortenangebot erweitern.

Ich versuchte, meine Enttäuschung zu verbergen.

In den nächsten Wochen verfeinerte ich meine ungarischen Backkünste und wurde in die hohe Kunst der Karamellglasur eingeführt. Ich lernte die geheime Rezeptur der Auguszt-Torte kennen, die es nur bei Judits Familie im Café gab. Ich musste eine Hand auf zwei Packungen Mehl legen und die andere feierlich zum

Schwur erheben. Judit wollte nicht, dass ich mein neues Backwissen mit jemandem teilte. Als sie mich eingelernt hatte, durfte ich ihr meine eigenen Rezepte vorstellen und präsentierte ihr einen Augsburger Zwetschgendatschi und eine Dresdner Eierschecke, einen Frankfurter Kranz und einen Alt-Weimarer Bienenstich. Sie probierte kleine Stücke, die sie prüfend kaute und betont langsam schluckte. Für die größte Begeisterung sorgte meine Mirabellentorte mit sieben verschiedenen Schichten, an deren Rezept ich während meiner ganzen Ausbildung gefeilt hatte. Judit versuchte die Zutaten zu raten, kam auf gehackte Pistazienkerne und Vanillepudding, auf Weißwein und Zartbitterkuvertüre. Ich zeigte ihr die feine Schicht aus Aprikosenmarmelade über dem Biskuitteig und verriet ihr, dass ich Mandelblätter mit den Mirabellen vermengte. Schon bald fragten die Gäste so oft nach der Torte, dass ich ständig für Nachschub sorgen musste und Judit sich alleine um ihre ungarischen Rezepte kümmerte.

Dank dir haben wir jetzt ein Alleinstellungsmerkmal, sagte Judit.

Sie ließ den Espresso an einem langen Löffel entlang in ein Glas mit Milchschaum fließen und rührte einen Löffel Nutella unter. Ich ahnte, dass das der Ritterschlag war. Wir hoben unsere Latte-Macchiato-Gläser und prosteten uns zu. Nach der Schicht ließ ich mir die Tortenreste einpacken und fuhr zurück in die Wohnung.

Èva und Csaba saßen vor dem Fernseher und hatten die Füße auf den Couchtisch gelegt. Erst als ich mich auf das Sofa sinken ließ, bemerkte ich, dass Èva eingeschlafen war. Ihre Brust hob und senkte sich in einem gleichmäßigen Rhythmus. Ich schaltete den Fernseher auf lautlos und zog ein Bündel Geldscheine aus der Tasche.

Das ist für dich, sagte ich leise.

Csaba wog das Geld in der Hand und wirkte unschlüssig.

Rendben, sagte er, in Ordnung.

Èvas Füße rutschten vom Tisch auf den Boden. Sie lehnte ihren Kopf auf die andere Seite und schlief mit leicht geöffnetem Mund weiter. Csaba winkte mich in die Küche und ließ mich Èvas neueste Kreationen probieren. Sie hatte einen Blechstrudel mit unterschiedlichen Füllungen gebacken (Apfel, Mohn und Kirsche) und Csaba schnitt mir einen schmalen Streifen von jeder Sorte ab.

Wie nennt man bei euch den letzten Bissen, den man vor dem Schlafengehen isst, fragte er.

Betthupferl.

Er lachte so laut, dass Èva im Wohnzimmer aufschreckte.

Was ist passiert, rief sie mit schläfriger Stimme.

Nichts, nichts, sagte ich, und Csaba legte mir einen Arm über die Schulter.

Ich hatte es geschafft, dachte ich. So schnell würden sie mich nicht zurück nach München schicken, so schnell würde ich meine Sympathiepunkte nicht wieder einbüßen. Ich stellte mir vor, wie nun auf meiner Bonuskarte für Hausgäste auf jedem Feld ein Stempel prangte und ich zur Belohnung so lange bleiben durfte, wie ich wollte.

Fresszettel

Die Torten drehten sich in der Vitrine um ihre eigene
Achse. Eine Aushilfe polierte die Glasscheiben und Judit sah ihr kritisch über die Schulter. Erst als ich eine
frische Mirabellentorte brachte, hellte sich Judits Blick
auf. Seit ich im Café arbeitete, hatte ihre Skepsis mir gegenüber nach und nach abgenommen. Nur wenn ich
das Gespräch auf Tibor lenkte, wurde sie wachsam und
erzählte mir im Gegenzug eine Anekdote von Kinga und
Tibor nach der anderen. Sie frischte meine Erinnerung
auf und beschrieb mir bis ins kleinste Detail, wie die
beiden sich beim Tanzen kennengelernt hatten, als
Kinga bei einer Drehung versehentlich auf Tibors Füße
trat und er übertrieben laut aufschrie, damit sie ihm
zur Wiedergutmachung ein Bier an der Bar ausgab. Wie
sie vor dem Unfall fast jede freie Minute gemeinsam
verbrachten und wie unfassbar gut sie zusammen aussahen.

Die beiden sind ein richtiges Bilderbuchpärchen,
sagte Judit, bevor sie das Thema wechselte.

Vermutlich sind wir in einen neuen Reiseführer aufgenommen worden, sagte Judit, anders kann ich mir
den Touristenansturm nicht erklären.

Tatsächlich sammelten sich nachmittags die Gäste

mittlerweile im Eingangsbereich und warteten darauf, dass ein Tisch frei wurde.

Ständig regt ihr euch über Touristen auf, sagte ich, und was ist mit mir?

Du bist unser Spätsommergast.

Ich kehrte in die Küche zurück, band mir eine Schürze um und wog die Zutaten ab, ich hatte mehrere Backschüsseln auf die Ablage gestellt, um mehrere Torten gleichzeitig backen zu können, ich wurde von Woche zu Woche schneller. Judit kam in die Küche, ließ sich auf den Boden sinken und lehnte sich gegen den Kühlschrank.

Ich halte das nicht mehr aus, sagte sie, dem einen ist der Kaffee zu heiß, dem nächsten zu kalt, dem einen dauert mein Service zu lang, der andere fühlt sich gestört, wenn ich mich zu oft in der Nähe seines Tisches aufhalte.

Du brauchst Nervennahrung, sagte ich und reichte ihr eine Untertasse, auf der Amarettini und ein paar Stücke Zartbitterschokolade lagen.

Sie aß mit geschlossenen Augen und klopfte mit den Füßen auf den Boden, im Rhythmus mit dem ungarischen Schlager, der aus dem Kofferradio schallte.

Judit, Judit, rief die Aushilfe mit schriller Stimme.

Sie seufzte.

Ich habe gehört, dass sich ein paar Oppositionelle regelmäßig vor der Matthiaskirche treffen und neue Aktionen planen, sagte sie, bevor sie aufstand und zurück zu den Gästen ging.

Anschließend treffen sie sich oft in einem winzigen Café, das so versteckt in einer Seitenstraße liegt, dass sich weder Touristen noch Polizei dorthin verirren. Die Cafébesitzerin ist die Frau eines Opernregisseurs, der keine Angebote mehr bekommt, seit die Fidesz-Partei regiert. Sie kocht Kaffee in großen Thermoskannen, den sie an die Freunde ihres Mannes kostenlos verteilt.

Danke für den Tipp.

Einen besseren Grund, um Tibor zu treffen, hätte ich mir selbst nicht ausdenken können. Judit ließ die Küchentür hinter sich zufallen und ich hörte, wie sie mit gedämpfter Stimme einem mürrischen Gast erklärte, dass wir ganz sicher das überlieferte Rezept für die Dobostorte verwendeten und uns keine Experimente erlaubten. Beim Backen verwechselte ich Backpulver und Vanillezucker und wunderte mich, warum die Böden so flach aus dem Ofen kamen. Ich konnte kaum glauben, dass mir dieser Anfängerfehler noch immer unterlief.

Nicht zu fassen, sagte Judit, als ich mir nach Schichtende die Jacke anzog. Im ersten Moment bezog ich es auf meinen missglückten Backversuch.

Gerade hat ein Gast bei mir bestellt, fuhr sie fort, er wollte einen altmodischen Kaffee, so wie ihn damals die Türken nach Österreich gebracht haben. Meine seltsamen Variationen solle ich so schnell wie möglich von der Karte streichen.

Ich schüttelte den Kopf.

Als ich ihn fragte, ob er von einem Filterkaffee ohne Milch und Zucker spräche, nickte er und tauchte hinter einer Zeitung ab.

Es liegt etwas in der Luft, sagte ich, sonst loben die Gäste das Café doch in den Himmel und versprechen, allen Freunden und Verwandten davon zu erzählen. Wenn wir in München wären, würde ich es auf den Fön schieben.

Ich traf mich mit Tibor am Déak Platz. Wir fuhren auf den Burgberg und setzten uns auf den Platz vor der Matthiaskirche. Wir hielten Ausschau nach den Oppositionellen und vor allem nach Pál. Tibor rieb mir mit den Handflächen über die Arme, um die Kälte zu vertreiben, und ich lehnte meinen Kopf an seine Schulter. Die Minuten verstrichen und die einzigen Passanten waren Reisegruppen, die auf Englisch, Russisch und Spanisch erzählt bekamen, wie König Béla IV. im 13. Jahrhundert die Kirche erbauen ließ und wie König Matthias Corvinus sie zweihundert Jahre später um einen gotischen Turm und ein Oratorium erweiterte und seine beiden Hochzeiten dort feierte.

Der König hatte zwei Frauen, fragte ein englischer Tourist.

Nein, nein, sagte der Reiseführer, die zweite Frau hat er erst geheiratet, nachdem die erste gestorben war.

Eine Frau mit roter Pudelmütze und gelben Handschuhen kam näher und warf ein paar Münzen neben unsere Füße. Sie schüttelte so mitleidig den Kopf, als würde sie uns am liebsten adoptieren. Tibor lehnte empört ab und sammelte das Geld wieder auf, doch sie drehte sich nicht mehr nach uns um und lief zurück zu ihrer Reisegruppe. Tibor hielt mich am Arm fest und zeigte auf ein Paar, das Richtung Fischerbastei lief. Wir folgten ihnen mit etwas Abstand, bis sie vor einer Treppe stehen blieben.

Das sind Zoltáns Eltern, flüsterte Tibor.

Die beiden packten eine Geige und eine Querflöte aus und begannen, Duette von Carl Philip Emmanuel Bach, Franz Anton Hoffmeister und Georg Philipp Telemann zu spielen. Stücke, die mein Vater gerne gehört hatte. Er lief dazu im Wohnzimmer auf und ab und dirigierte mit einem imaginären Taktstock. Tibor zog mich zur Steinbrüstung, um aus dem Blickfeld von Zoltáns Eltern zu verschwinden. Es dauerte nicht lange und wir waren von Touristen umringt, die den Panoramablick vom Berghang über die Stadt genießen wollten.

Zoli hat mich nach der Demo angerufen, sagte Tibor. Orbán sei der Einzige, der Ungarn aus der Krise führen könne, er wolle nicht, dass es uns so schlecht wie unseren Eltern gehe und wir mit unseren Jobs geradewegs in die Altersarmut steuern. Langsam verstehe ich, was er damit gemeint hat.

Eine spanische Frau tippte mir auf die Schulter und bat mich mit Handzeichen, sie und ihren Mann zu fotografieren. Sie drückte mir ihre Analogkamera in die Hand, dann pressten sie ihre Körper eng aneinander und strahlten. Ich fotografierte den Himmel über ihren Köpfen.

One more, sagte die Frau. Nach einem unauffälligen Schwenk zur Seite fokussierte ich die Türme des Parlaments, dann gab ich ihr die Kamera zurück. Tibor und ich fuhren mit der Bahn ins siebte Viertel zu Páls Wohnung und zogen die Werbeprospekte aus dem überquellenden Briefkasten im Flur. Als Pál nicht öffnete, klingelten wir bei allen Nachbarn. Im Erdgeschoss verscheuchte uns fluchend ein älterer Mann mit einem Besen, weil er uns für Zeugen Jehovas hielt, sonst reagierte niemand. Ein Dackel folgte uns bis zu dem Kiosk an der Straßenecke, wo Pál oft sein Feierabendbier gekauft hatte. Doch der Kioskbesitzer wusste von nichts. Er drehte sich eine Zigarette zwischen den faltigen Händen und wollte lieber mit uns über seine schlechten Verkaufszahlen reden als über den vermissten Radiomoderator. Tibor kaufte ihm eine *New York Times* ab und gab ihm reichlich Trinkgeld, damit er weiterhin die Augen für uns offen hielt, auch wenn uns beiden langsam die Hoffnung abhanden kam. Ich sah mich nach dem Dackel um, als könnte er uns auf eine neue Fährte bringen, doch die Straße war wie leer gefegt, abgesehen von ein paar Jugendlichen, die vor einem geschlossenen Friseur standen und über die ausgeblichenen Poster im Schaufenster lachten, über die Frisuren, die längst ausgestorben waren.

Èva und Csaba sah ich immer seltener. Der Rhythmus unserer Tage passte nicht mehr zusammen. Wenn ich aufstand, waren Èva und Csaba bei der Arbeit, wenn sie zurück nach Hause kamen, war ich mit Tibor unterwegs und wenn ich abends die Wohnungstür aufschloss, schliefen sie bereits, und ich schlich auf Zehenspitzen in mein Zimmer. Wir kommunizierten fast nur noch über Fresszettel, die sie auf das kleine Tischchen

unter der Garderobe legten. Sie hatten keinen Schuh-
schrank und die Stiefel und Halbschuhe, Ballerinas und
Turnschuhe stapelten sich auf dem Boden. Ich machte
mir Platz, las Èvas Zeilen und kritzelte eine Antwort daneben. Sie schrieb, welchen Kuchen sie gebacken hatte,
welcher Auflauf im Kühlschrank auf mich wartete und
welcher Wein noch offen war. Sie kritzelte kleine Zeichnungen daneben: Zwei Strichmännchen beim Tango
tanzen oder im Kino, eine Frau beim Yoga und ein Mann
beim Kegeln, ein verknotetes Paar auf dem Sofa. Darunter stand immer: Rate, was wir erlebt haben. Ich
schrieb:

Ich habe einen neuen Weltrekord im Torte essen auf-
gestellt.

Ich bin auf den Berg mit den drei Rücken geklettert
(den Harmashatárhegy).

Ich habe auf der Margaretheninsel einen Dieb ver-
folgt, bis ich gemerkt habe, dass mein Geldbeutel nur
in das Futter der Umhängetasche gerutscht ist.

Ich habe 153 neue Vokabeln gelernt.

Ich weiß jetzt, wie *fröccs* schmeckt und zwar in allen
möglichen Mischverhältnissen.

Ich habe in einem Antiquariat auf einer wackligen
Leiter gesessen und Buchrücken abgestaubt.

Ich zählte die Orte auf, die sie mir empfohlen hatten
und die ich auf langen Touren durch die Innenstadt
nacheinander abgehakt hatte: Das Parlament, die Alte
Börse, die Akademie der Wissenschaften. Die Matthiaskirche, die Fischerbastei, die Nationalbibliothek. Den
Heldenplatz, den Skulpturenpark, die Synagoge. Ich

verschwieg, dass ich das meiste mit Tibor an meiner Seite erlebt hatte, dass ich mit ihm durch die Straßen zog und seinen Vater suchte, dass wir abends auf Konzerte gingen und in den Kneipen die Getränke auf der Karte durchprobierten.

Wenn ich morgens in den Spiegel sah, kam mir mein Gesicht fremd vor. Der Pony war herausgewachsen und meine Wangen waren fülliger geworden, selbst in der Münchner Bäckerei hatte ich nicht so viel Kuchen gegessen wie bei Èva. Nach und nach hatte ich auch meinen Kleidungsstil geändert und meine Vorliebe für gedeckte Farben aufgeben. Wenn ich an der Kasse der Geschäfte stand, hielt ich Oberteile in der Hand, die auch in Kingas Schrank hätten hängen können. Ich gefiel mir besser, wenn mich nicht mehr viel an mein altes Münchner Leben erinnerte. Tibor strich über die Fasern, wenn wir im Café saßen.

Tetszik, sagte er dann, gefällt mir.

Seit er mitbekommen hatte, wie ich von einem mürrischen Kellner, der keine Fremdsprachen verstand, einen Saft gebracht bekam, als ich auf Ungarisch einen Tee bestellt hatte, wollte er mich beim Lernen nicht mehr alleine lassen und half mir, meine Sprachkenntnisse zu verbessern. Er rief mir ständig neue Wörter zu, beim Essen, beim Fotografieren, bei der Suche nach Pál.

Das Einfachste am Ungarischen ist die Aussprache, sagte er.

Ich weiß, sagte ich, aber er ignorierte meine Einwände und fing nochmals beim Grundwissen an. Es gab für jeden Buchstaben genaue Regeln und er wiederholte sie so lange, bis ich sie auswendig aufsagen konnte. Im Antiquariat drückte er mir ungarische Bücher in die Hand und machte sich einen Spaß daraus, die Klassiker der Literatur aus meinem Mund zu hören. Ich konnte ihm seitenweise etwas vorlesen, ohne den Zusammenhang zu verstehen.

Langsam wirst du eine von uns, sagte er.

In meinem Handy steckte eine ungarische SIM-Karte und auch wenn mein Laptop längst repariert war, benutzte ich ihn kaum. Stattdessen ging ich lieber hin und wieder ins Internetcafé und ließ mir an der Kasse einen Computer zuweisen. Ich setzte mich an einen der Tische mit Sichtschutz und Kamera und ging die Mails in meinem Posteingang durch. Das meiste war Werbung, und ich scrollte durch die Newsletter und Viagra-Angebote, durch die Rabatt-Aktionen und Gewinnspiele, bis ich auf eine Nachricht von Simon stieß. Er hatte seinen Tonfall geändert und ging nicht mehr auf seine Liebschaft mit Luisa ein. Er schrieb von seinen neuen Rollen und von einer Regisseurin, die kurz vor der Premiere krank wurde und ihre Anweisungen an die Schauspieler über Skype aus dem Krankenhaus gab. Er erzählte von einem Dinosaurier, der im Theaterpark Werbung für eine neue Produktion machen sollte und der nachts Opfer von Vandalismus wurde, mal wurde er mit Graffitis besprüht, mal bekam er leere Bierdosen ins offene Maul gestopft, mal brachen sie ihm die Hörner von der Nase. Erst ganz am Ende erwähnte er unsere Väter, die beide unbefristeten Urlaub genommen hätten, überraschend und nicht ganz freiwillig. Eine 31-jährige Frau hatte nach einem Notkaiserschnitt, der zunächst komplikationslos verlaufen war, überraschend starke Blutungen bekommen und war daran gestorben, ein klarer Behandlungsfehler. Simons Vater hatte als diensthabender Gynäkologe die Frau von seinem Assistenzarzt betreuen lassen, der für drei Stationen gleichzeitig zuständig war, den kritischen Zustand nicht rechtzeitig erkannte und die Frau nicht in eine spezielle Klinik verlegte. Mein Vater hatte telefonisch zu einem Medikament geraten, das bei der Frau zu Krampfanfällen geführt und ihren Zustand nur verschlechtert hatte. Der Schaden für die Reputation der Klinik war hoch und unsere Väter hätten sich seitdem zu Hause in ihre Arbeitszimmer zurückgezogen, sie wollten sich vermehrt mit Forschungsthemen beschäftigen und telefonierten täglich, um diverse Artikel aus dem Deutschen Ärzteblatt zu diskutieren, sich gemeinsam für Kongresse anzumelden oder eine Reise nach Amerika zu planen, wo sie zu Themen, die sie noch nicht gefunden hatten, Vorträge halten wollten. Bleibst du noch lange, schrieb Simon, und wenn ja, wie lange?

Ich holte mir ein Bier an der Kasse und der Besitzer berührte meine Handfläche einen Moment zu lange, als er das Wechselgeld hineinlegte. Der Kühlschrank war ausgefallen und die Dose lag warm in meiner Hand, ich trank so schnell, dass ich aufstoßen musste. Ich hatte seit der Kündigung kaum noch an eine Rückkehr gedacht, doch ich wollte niemanden beunruhigen, nicht in Budapest, nicht in München. Ich schrieb:

Ich esse Mohngebäck in einem Stadtteil, der Ofen heißt und trinke Aprikosenschnaps. Ich habe einen Fotografen kennengelernt, der vierfarbige Wollpullover mit Rautenmuster trägt und ich werde erstmal noch bleiben, ja.

Kinga lag noch immer in ihrem Krankenhausbett, in ihrer Krankenhauskleidung, angeschlossen an all diese Krankenhausgeräte. Sie wachte einfach nicht auf. Èva hatte Kingas Bett verrücken lassen, es stand seitdem direkt am Fenster, damit die Sonne morgens nicht auf den Fußboden schien, sondern direkt auf Kingas Gesicht.

Das ist sentimental, sagte Csaba, aber er verstummte, als Èva ihn ansah, die Augen zu schmalen Schlitzen verengt. Èva duldete keine Widerrede, nicht, wenn es um ihre Tochter ging.

Die Chancen stehen fifty-fifty, hatten die Ärzte vor ein paar Monaten gesagt, die Chancen stehen fifty-fifty, sagten sie noch immer.

Èva musste sich zusammenreißen, dass sie dem diensthabenden Arzt nicht die Krankenakte aus den Händen riss, um endlich die heimlichen Prognosen in der Hand zu halten, die unerbittliche Wahrheit, vor der die Ärzte sie verschonten, da war sie sich sicher.

Was hätten sie denn davon, sagte Csaba und zog Èva zu sich. Und wie so oft, hatte er Recht.

Im Gästezimmer drehte ich die Polaroids von Kinga um. Ich konnte den stummen Vorwurf in ihrem Blick nicht mehr ertragen und hörte sie fragen, warum ich nicht an ihrem Krankenbett sitze, wann ich mir die neusten Studien über Komapatienten besorge und ob ich mich regelmäßig mit den Ärzten und Schwestern berate. Sie hatte schon immer mehr verlangt, als sie selbst zu geben bereit war. Ich sah ihr blasses Gesicht vor mir, die kurzen Haare, das weite Nachthemd. Doch nicht einmal in meiner Vorstellung konnte ich die Tristesse ihres Krankenzimmers und die Ohnmacht, die ich neben ihrem regungslosen Körper empfand, aushalten. Ich ging auf Zehenspitzen in den Flur und holte das Telefon aus der Ladestation.

Hast du später Zeit, fragte ich und drückte mir mit der freien Hand selbst die Daumen.

Ja, aber heute ist mein Széchenyi-Tag, sagte Tibor.

Was ist das?

Ein Thermalbad, nein, das schönste der Stadt.

Er wartete am Eingang zwischen den Säulen des gelben Jugendstilgebäudes auf mich. Ich zog die Handschuhe aus, stellte mich auf Zehenspitzen und wir umarmten uns. Die dicken Winterjacken schützten uns vor Kälte und zu viel Körperkontakt.

Meine Tante und mein Onkel sind schon vorgegangen, sagte Tibor.

Sind wir nicht alleine?

Sonntage sind immer Familientage.

Ich seufzte. An der Kasse löste Tibor unsere Tickets und kaufte mir eine Badekappe, eine unförmige Haube aus knittrigem Material.

Das ist Polyethylen und vollkommen ungefährlich, sagte Tibor, als er mein entsetztes Gesicht sah, bei langen Haaren sind die Hauben Pflicht.

Er überlegte kurz, dann schob er einen weiteren Fo-
rintschein zu der Frau an der Kasse und kaufte noch
eine zweite Kappe für sich, bevor er mich durch das
Drehkreuz und zu den Umkleidekabinen schob.

Wir treffen uns im Becken, sagte er. Wenn du eine
Frau mit lauter Stimme entdeckst, ist das meine Tante.
Sie hat die kräftigste Stimme in ganz Budapest.

Ich steckte meine Klamotten in den Kleiderbügel mit
der Netztasche und presste alles in einen der kleinen
Schränke. Den Schlüssel band ich mir um den Arm und
lief durch die gekachelten Räume, ein Becken mit
Schwefelwasser reihte sich an das nächste, runde und
rechteckige, große und kleine. Eine Gruppe Amerikaner blieb vor mir stehen.

It's incredibly cheap, sagten sie und rissen ihre Augen
weit auf, it's unbelievable.

Ich drückte mich an ihnen vorbei und kam auf den
nassen Fliesen ins Rutschen, sie fingen mich auf und
lachten. Tibor bog im richtigen Moment um die Ecke
und befreite mich aus ihrer Mitte. Draußen stieg Dampf
auf und verhüllte die Badenden im Wasser. Am Beckenrand saßen sich paarweise einige Männer im Wasser
gegenüber, sie hatten jeweils ein Schachbrett vor sich
ausgerollt. Nur ihre Köpfe waren zu sehen und zwischendurch eine Hand, die aus dem Wasser auftauchte,
um eine Figur zu verrücken. Tibor kniff die Augen zusammen und suchte seine Verwandten. Bis ihn jemand
mit lauter Stimme rief. Seine Tante sprang vom Beckenrand ins Wasser und landete direkt vor uns. Einige
Türme, Läufer und Könige fielen um und landeten im

Wasser. Die Schachspieler beschwerten sich bei der Tante, die vorgab, nichts mitbekommen zu haben. Sie drückte Tibor an sich, und als er mich vorstellte, drückte sie auch mich an ihre Brust.

Welcome, welcome, sagte sie zu mir und schon waren ihre Fremdsprachenkenntnisse erschöpft.

Sie würde sich gerne mit mir unterhalten, aber sie spreche weder Englisch noch Deutsch, übersetzte Tibor für mich. Erst da bemerkte ich Tibors Onkel, der kleiner als die Tante war und bis zum Kopf im dampfenden Thermalwasser stand. Er streckte mir zur Begrüßung seine Hand entgegen und drückte so fest zu, dass meine Fingerknöchel schmerzten. Die Tante verließ das Becken über die Treppe neben den Schachspielern und winkte uns hinterher. Sie hielt uns die Tür zum Innenbereich auf und schob uns in die Sauna, die lediglich aus einem schmalen Gang und einer Bank bestand, alle Sitzplätze waren belegt. Dass die Ungarn beim Schwitzen ihre Badebekleidung anbehielten, kam mir in diesem Moment wie eine glückliche Fügung vor. Wir standen dichtgedrängt nebeneinander, der Schweiß floss von einem Körper auf den anderen und von den Sitzbänken starrten mich ältere Männer an, die ihre Hornhaut mit Schwämmen abbürsteten. Ich verschwand nach wenigen Minuten wieder nach draußen und zog Tibor hinter mir her.

Jetzt kennst du meine verrückte Familie, sagte er, und wir rieben unsere Körper mit faustgroßen Eisbrocken ab, die in einem kleinen Becken vor der Sauna lagen. Er wickelte mich in mein Handtuch und wir liefen zurück in die Innenräume, auf dem kalten Asphalt schmerzte jeder Schritt, weshalb wir zum Hüpfen übergingen, als hätte uns eine Biene in die Fußballen gestochen. Wir ließen uns in das Becken gleiten, in dem die wenigsten Leute lagen und spielten toter Mann, bis uns das laute Lachen der Tante aufschreckte. Als ich untertauchte, rutschte die Badehaube von meinem Kopf, ich schwamm hinterher und streckte meine Hände danach, bis Tibors Tante sich mir in den Weg stellte.

My darling, sagte sie und strich mir über die nassen Haare. Dann legte sie sich auf einen kleinen Vorsprung am Rand des Beckens, bis nur noch ihr Kopf aus dem nach Schwefel riechenden Wasser ragte. Sie erzählte mit tönender Stimme, die Akustik war gut. Tibor kam zu mir an den Beckenrand, er übersetzte flüsternd. Es ging um den Magen der Tante, der so empfindlich war, dass sie nach jedem Essen einen Schnaps zur Beruhigung trinken musste. Sie hatte eine Strichliste angefangen und notierte alles, das Bauchschmerzen verursachte, die Liste war lang. Von Brokkoli, Mais und Bohnen über Pfeffersalami, Leberwurst und Schinken zu Quark, Sahne und Zucker.

Ich bitte dich, sagte Tibor, wieso ausgerechnet Zucker?

Das weiß ich seit deinem Geburtstag, als ich Käse-Sahne-Torte zum Frühstück gegessen habe, du hast gesagt, dass die Torte vor allem aus Quark, Sahne und Zucker bestand, erinnerst du dich?

Tibor hielt sich an meinem Arm fest, er verdrehte die Augen und die Tante erzählte weiter. Sie kam auf ihren Friseur zu sprechen, der seiner Frau ein Verhältnis unterstellte und sie von einem Privatdetektiv beschatten ließ. Sogar die Fotos, die der Detektiv dem Friseur einmal die Woche vorbeibrachte, durfte die Tante sehen. Es war immer nur die Frau des Friseurs darauf zu sehen und niemand sonst. Doch der Friseur konnte mit der Beschattung nicht aufhören, er war sich sicher, dass er bisher nur den richtigen Moment verpasst hatte und gab dem Detektiv mehr Geld, damit er seine Bemühungen verstärkte. Die Tante redete und redete, sie wartete nicht auf Kommentare oder Antworten, sie lehnte den Kopf zurück und lachte über ihre eigenen Pointen. Die anderen Badenden rückten von uns ab oder verließen kopfschüttelnd das Becken. Wir blieben zu viert zurück. Der Onkel hatte die ganze Zeit die Augen geschlossen, und ich war nicht sicher, ob er schlief. Tibor hatte das Übersetzen mittlerweile aufgegeben. Ich tauchte den Kopf in das Wasser, bis meine Ohren bedeckt waren.

Wir verabschiedeten uns auf dem Platz vor der Therme, Tibor und ich wollten durch das Stadtwäldchen laufen und erst später in eine Straßenbahn steigen. Die Tante und der Onkel liefen zu der näher gelegenen U-Bahn-Station, auf der Treppe drehte sich die Tante noch einmal zu uns um, sie blieb stehen und winkte, bis wir zwischen den Bäumen verschwunden waren. Auf der Höhe der Baumwipfel tauchte am Horizont eine kleine Burg auf.

Darf ich vorstellen, sagte Tibor, das ist die berühmte Vaydahunyad.

Der zugefrorene See vor der Burg wurde mit Scheinwerfern beleuchtet. Eltern schoben ihre kleinen Kinder vor sich her, auf einer abgetrennten Fläche schoss eine Gruppe Männer einen Puck von Tor zu Tor und ein paar Jugendliche fuhren Hand in Hand über das Eis, bis das Mädchen am Rand eine Kufe in das Eis drückte, um zu bremsen. Der Rest der Kette fuhr in einem großen Bogen um sie herum, das Gekreische war groß. Wir kamen näher und näher, beobachteten das Treiben und waren zu müde vom Schwefelwasser, um selbst noch Schlittschuhe auszuleihen. Unter einem Baum am Ufer blieben wir stehen und lehnten uns an den Stamm. Es dauerte eine Weile, bis unsere Augen sich an das düstere Licht gewöhnt hatten, die Kegel der Scheinwerfer erreichten uns nicht. Tibor starrte auf einen Mann, der in einem ausgebeulten braunen Cordsakko am Rand der Eisfläche stand und sich in gebeugter Haltung mit einem Bekannten unterhielt, der einen schicken Zweireiher trug und die dunklen Haare mit viel Gel zu einer starren Frisur fixiert hatte. Tibor krallte sich an meinem Arm fest.

Das eine könnte mein Vater sein, sagte er.

Pál, rief ich und rannte auf die beiden Männer zu.

Tibor eilte hinterher, und brachte ein jugendliches Paar zu Fall. Wir sahen uns suchend in alle Richtungen um und umrundeten die Eisfläche mehrmals, doch Pál und der Unbekannte im Zweireiher waren nirgends zu sehen. Es war merkwürdig. Jemand klopfte mir auf die Schulter, und als ich mich umdrehte, lachte mich Joachim an.

So eine Überraschung, sagte er und nahm die Baskenmütze ab. Willst du mich nicht vorstellen?

Wir sind in Eile.

Kann es sein, dass ihr auf der Suche nach dem verschwundenen Radiomoderator seid? Vielleicht könnt ihr mir weiterhelfen, ich möchte ein Porträt über ihn schreiben.

Tibor wollte zu einer Antwort ansetzen, aber ich stieß ihm mit dem Ellenbogen in die Seite.

Ich weiß nicht, wovon du sprichst, sagte ich zu Joachim, wir müssen los.

Ich packte Tibor am Arm und wir liefen zurück zur U-Bahn-Station. Ich drehte mich mehrmals nach Joachim um. Er schien uns nicht zu folgen.

Wer war das, fragte Tibor.

Ein Journalist. Ich habe ihn im Nachtzug kennengelernt, aber ich will nicht, dass er über deinen Vater schreibt.

Es ist aber wichtig, dass die Leute erfahren, was mit Pál gemacht wurde.

Schon, aber irgendetwas stimmt mit diesem Joachim nicht, ich spüre es, aber frag mich nicht, warum.

Als die Bahn kam, setzte Tibor sich auf einen Fensterplatz und starrte nach draußen, obwohl es in dem dunklen Schacht nichts zu sehen gab.

Ich verstehe nicht, wie mein Vater uns entwischen konnte, sagte er.

Ich hätte ihn nicht rufen sollen, sagte ich und rieb über das abgewetzte Polster der Sitze.

Tibor winkte ab.

Aus mir wird kein Sherlock Holmes mehr.

Tibor zog seine blaue Mütze aus und stülpte sie über meine langen Haare.

Die Mütze könnte helfen, sagte er und grinste kurz, dann schloss er die Augen. Er sackte in sich zusammen und schnarchte nur wenige Minuten später leise vor sich hin, eine ältere Frau drehte sich vorwurfsvoll zu uns um und räusperte sich. Ich beobachtete sein Spiegelbild in der Scheibe, den ernsten Gesichtsausdruck, die zusammengepressten Lippen. Kurz bevor wir seine Haltestelle erreichten, weckte ich ihn. Er sah mich verwirrt an und brauche einen Moment, bis er wieder wusste, wo er war.

Ich werde mich in meiner Wohnung in die Badewanne legen, sagte er, wir hören uns.

Ich ärgerte mich über die Unbestimmtheit seiner Aussage, den belanglosen Ton, als wären wir nichts weiter als alte Bekannte, die sich hin und wieder trafen und sich gemeinsam die Langeweile vertrieben. Ich pfiff vor mich hin, einmal kurz, einmal lang, dreimal kurz. Es klang noch lange nicht so gut wie bei Kinga, aber besser als nichts.

In der Wohnung wartete kein Fresszettel auf mich, sondern eine Einladung. Csaba feierte Geburtstag. Èva hatte mit wenigen Strichen sein Gesicht gemalt, ihm eine Girlande um den Hals gehängt und eine Tröte in den Mund geschoben. Kommt ab 16 Uhr, es gibt Suppe und Torte, Gulasch und Kuchen, Schnaps und Limonade, stand darunter. Du kannst Tibor mitbringen, hatte Csaba in eine Ecke gekritzelt, seine Schrift war groß und ungelenk, die Buchstaben lehnten sich weit nach rechts.

Kettenkarussel

In der Badewanne schwammen die Bierflaschen wie Fische im kalten Wasser. Wer sich eine Flasche nahm, musste ein Handtuch zu Hilfe nehmen und vor dem Öffnen die Feuchtigkeit abwischen. Die Gäste blieben im schmalen Bad stehen wie sonst in der Küche, sie lehnten sich an die Kacheln und betrachteten während ihrer Unterhaltungen die Shampoos und Haarkuren, die Fußraspel und die Massagebürste, die Wattestäbchen und den Nagellackentferner. Es war schwer, alle zu vertreiben und die Toilettenschüssel auch als solche zu verwenden.

Ein Bier noch, sagte der eine.

Lass mich kurz ein paar Flaschen abtrocknen, sagte der nächste.

Die Wohnung von Èva und Csaba war bis auf den letzten Quadratzentimeter gefüllt, die Musik war laut, und wenn ich die Dinge in den Gesprächen nicht schnell genug auf den Punkt brachte, hörte mir keiner mehr zu. Csaba empfing seit dem Nachmittag jeden einzelnen Gast im Flur, er hatte ein Tablett voller Schnapsgläser neben sich stehen, und jeder der kam musste mit ihm einen Palinka trinken. Ich fragte mich, wie er durch den Abend kommen wollte, wenn er schon so früh so viel trank, da entdeckte ich die Flasche Mineralwasser zu seinen Füßen und verstand. Èva hielt nicht viel von sparsamer Dekoration. Wir hatten Luftballons in die Äste der Haselnusssträucher vor dem Haus gebunden, wie für einen Kindergeburtstag, und in jedes Zimmer Teelichter in Gläser gestellt, die wir mit Butterbrotpapier umhüllten. Dazu hatten wir Luftschlangen und Girlanden über die Möbelstücke gehängt, nur die Konfettikanone fehlte.

Später am Abend spielte Csaba Luftgitarre im Wohnzimmer, ein paar seiner alten Schulfreunde waren gekommen, hatten Fotoalben von gemeinsamen Urlaubsreisen dabei und ihre damaligen Lieblings-CDs. Sie alberten herum wie kleine Jungs, und bevor Csaba seine Geschenke auspacken durfte, musste er mit verbundenen Augen in der Wohnung nach Èva suchen, und die Freunde riefen ihm »heiß« oder »kalt« oder »lauwarm« zu. Er musste auf einen Stuhl steigen und *I did it my way* anstimmen und er musste einen versauten Witz erzählen. Erst dann bekam er sein Geschenk, einen Gutschein fürs Bungeejumping, damit er jung bliebe, sie wollten ihn alle begleiten. Èva schüttelte den Kopf und stellte sich zu den Kolleginnen aus ihrer Klinik, die es nicht schafften, die Arbeit ruhen zu lassen, sie tauschten sich über neue und entlassene Patienten aus, berieten über Dienstpläne und erörterten die Vorund Nachteile der kürzlich geänderten Besuchszeiten. Csaba legte mir einen Arm über die Schulter und klopfte auf die Brusttasche seines Hemdes. Er zog ein Polaroid von Kinga heraus, eine alte Aufnahme aus unserem Urlaub am Balaton, sie hatte sich Pommes in die Ohren gesteckt und strahlte in die Kamera.

Sie ist die ganze Zeit dabei, sagte Csaba, also können wir feiern.

Ich strich über das alte Foto. Selbst nach Kingas Besuch bei mir in München hatte ich viel öfter an unsere Zeit am Balaton gedacht als an die Tage in Bayern. Ich stellte mir das Muster auf Kingas kurzen Röcken vor und die bunten Haarspangen, die ihre dicken Haare zusammenhielten. Ich versuchte, mich mit Absicht an lauter Kleinigkeiten zu erinnern, damit ich unsere Begegnungen immer wieder aus leicht veränderten Blickwinkeln ansehen konnte.

In den anderen Zimmern saßen und standen die Freunde von Èva und Csaba: Kneipenbesitzer und Tangotänzer, Weinverkäufer und Taxifahrer, Yogalehrer und arbeitslose Journalisten, Nachbarn und Verwandte wie Tünde.

Ich bin Kingas Cousine, sagte sie, als Èva uns vorstellte. Sie hatte ihre Haare zu einem Zopf gebunden, den sie nicht auf ihrem Rücken ließ, sondern nach vorne legte, er endete erst kurz vor ihrem Bauchnabel. Sie nahm mich in den Arm und hob mich dabei ein Stück in die Luft, als wären wir alte Bekannte.

Was habe ich nicht alles über dich gehört, sagte sie, und ich war mir nicht sicher, ob das ein Kompliment war. Ich holte ihr ein Bier aus dem Bad und dann standen wir lange einfach da und nippten an den Flaschen.

Sie fragte, wie es mir in Budapest gefiele, und ich listete ihr alle Brücken, Plätze und Bauten auf, die ich gesehen hatte, dann stockte das Gespräch. Tünde strich mir über den einen Arm, während ich sprach und über den anderen Arm, wenn wir schwiegen.

Du sitzt sicher jeden Tag an Kingas Bett und wartest, dass sie aufwacht, sagte sie, so eine Freundin hätte ich auch gerne.

Als es klingelte, ließ ich sie stehen und lief erleichtert zur Tür. Als ich öffnete, stand Tibor vor mir und streckte mir ein Geschenk entgegen, das er gleich darauf wieder zurückzog, als ihm die Verwechslung klar wurde. Er hatte sich die Haare geschnitten und trug einen neuen Pullover, später würde ich für ihn heimlich das Preisschild entfernen, das ihm hinten aus dem Ausschnitt ragte.

Szia, sagte er und drückte mich fest an sich. Èva beobachtete uns mit etwas Sicherheitsabstand, ihre Skepsis war nicht zu übersehen. Csaba näherte sich zur Begrüßung und verwickelte Tibor sogleich in ein Gespräch über Politik. Er holte sein Album mit den Zeitungsartikeln aus dem Regal und beschwerte sich über die rechtsextreme Jobbik-Partei, die als zweitstärkste Partei zunehmend an Bedeutung gewonnen hatte.

Der Vorsitzende hat eine fürchterliche Rede gehalten, sagte Csaba zu Tibor gewandt, seiner Meinung nach ist das europäische Ausland nicht aus moralischen oder wirtschaftlichen Gründen um die Zukunft Ungarns besorgt, sondern weil das Land sich von der EU entferne.

Als ich mich zurückziehen wollte, hielt Tibor mich an der Hand fest.

Stellt euch vor, fuhr Csaba fort, er hat uns Ungarn sogar aufgefordert, unser Geld nicht bei ausländischen Banken zu deponieren. Und seine letzten Worte waren: Nach dem Ersten Weltkrieg haben wir mit dem Friedensvertrag von Trianon bezahlt und einen Großteil unseres Landes verloren, aber ein zweites Trianon wird dieses Land nicht überleben. Da helfen nicht einmal mehr Leserbriefe.

Csaba holte Bier für uns aus dem Bad und öffnete die Flaschen mit seinem Feuerzeug.

Die Stimmung in der Wohnung hatte sich durch Tibors Ankunft verändert. Tibor kannte die meisten Gäste nur vom Sehen oder von großen Festen wie diesem. Sie beäugten ihn und wussten offenbar nicht, ob sie ihn ansprechen sollten. Èva begrüßte Tibor und gab ihm kurz die Hand, dann schwirrte sie wie eine Fliege um mich herum. Sie zog mich in die Küche, wo ich den Kuchen auf Teller drapieren sollte und ich schnitt Mohn- und Nussbeigel in Stücke, Gries- und Schokoladenkuchen, Eszterházy- und Stephanietorte. Ich hörte Zoltáns Stimme aus dem Flur und bekam mit, wie er die Frau an seiner Seite vorstellte, es war die Referendarin, von der er soviel erzählt hatte. Sie näherten sich mir, und als ich mich mit dem Kuchenmesser in der Hand zu ihnen umdrehte, hoben sie beide abwehrend die Hände. Wir nickten uns zu, und ich legte ihnen Kuchenstücke auf die Teller, aber sie waren so mit sich selbst beschäftigt, dass kein weiteres Gespräch zustande kam. Ich ließ Wasser in das Spülbecken laufen und versenkte das benutzte Besteck im heißen Wasser. Zoli und die Referendarin blieben unweit der Küche im Flur stehen, er erzählte ihr von seinen Wanderplänen für die Ferien und ließ sie kaum zu Wort kommen, er beschrieb seine neuen Schneeschuhe, bis sie ihn darauf hinwies, dass sie die Berge nicht mochte und am liebsten in der Stadt bleiben würde. Zoli rührte geknickt mit dem Strohhalm in seinem Glas, er war in den Ferien nicht gerne in Budapest, zwischendurch brauchte er die Abwechslung, die Natur, den Schnee.

Tibor stellte sich neben mich und schenkte uns Palinka ein, doch nur wenige Minuten später tauchte Èva wieder auf. Sie schob Tibor ins Wohnzimmer und zog mich in den Flur. Sie bat mich, das Wasser in der Badewanne auszutauschen und einen Bierkasten aus dem Keller zu holen. Kaum schwammen wieder genug Bierflaschen in der Wanne, kam Èva auf die Idee, dass ich in dem kleinen Kiosk in ihrer Straße, der bis 22 Uhr geöffnet hatte, noch etwas Wodka kaufen könne, die Nacht sei schließlich noch jung. Ich lief durch das dunkle Treppenhaus und fröstelte, ich hatte mir nur einen dicken Schal um den Hals gewickelt und keine Jacke übergezogen. Der Kioskbesitzer trug fingerlose Handschuhe und packte mir die eiskalten Flaschen in eine Plastiktüte. Er hatte sich einen kleinen Fernseher an die Wand gehängt und konnte den Blick nicht davon abwenden, dabei wurde nur ein Pferderennen übertragen.

In der Wohnung wollte ich mich mit den Getränken an Zoli und der Referendarin vorbeischieben, bemerkte aber, dass sie schweigend nebeneinander standen und am Bier nippten. Also erzählte ich den beiden von meiner Vorliebe für Kreuzworträtsel. Sie lachten und schüttelten ungläubig den Kopf, da auch sie vor dem Einschlafen am liebsten Wissensfragen lösten und immer eine Zeitschrift neben dem Bett liegen hatten. Da war es, das gemeinsame Thema. Ich ließ sie in ihrem Zweiergrüppchen und winkte Tibor. Er schob sich an den Gästen vorbei, die ihm den Weg versperrten, stellte sich neben mich, und legte mir einen Arm über die Schulter. Wir hörten Zoltán und der Referandarin zu, wie sie sich Kreuzworträtselfragen stellten, und wenn ich zwischendurch etwas nicht verstand, übersetzte Tibor für mich: Haar der Angoraziege mit sechs Buchstaben (Mohair), Gebirge nördlich vom Balaton mit sechs Buchstaben (Bakony), ungarisches Adelsgeschlecht mit sieben Buchstaben (Rákóczi), Komponist der Nationalhymne mit fünf Buchstaben (Erkel). Da entdeckte Èva uns und zog mich in die Küche. Während ich die Wodkaflaschen in den Kühlschrank räumte, klingelte es an der Tür.

Ich erkannte die Nachbarin erst auf den zweiten Blick. Ihre Haare waren zerzaust und die Strumpfhose löchrig. Die anderen Gäste im Flur wichen ihr aus und rümpften die Nase. Èva ging auf sie zu und umarmte sie betont lange. Ich holte drei Sektgläser aus der Küche und stellte mich dazu. Die Nachbarin bedankte sich und beugte sich zu mir.

Ich bin Gabriella, sagte sie. Vergiss alles, was ich bisher zu dir gesagt habe, ich war nicht ganz bei mir.

Hinter unseren Rücken tuschelten die anderen Gäste. Èva erhob ihre Stimme und reihte einen Witz an den anderen, doch Gabriella ließ sich nicht ablenken. Sie verschwand im Bad.

Èva raunte mir zu, dass Gabriella aus ihrer Wohnung hatte ausziehen müssen, weil sie mehrere Monate die Miete nicht mehr gezahlt hatte. Sie würde mittlerweile mit den Kindern wieder bei ihrer Mutter wohnen, in einer kleinen Zwei-Zimmer-Wohnung direkt am Westbahnhof. Èva hatte Gabriella vor zehn Jahren kennengelernt, sie hatte einen Kredit aufgenommen, um sich den Laden zu kaufen, einen Kredit in der krisenfesten Schweizer Währung, wie sie damals dachte. Die Bankmitarbeiter hatten ihr nicht verraten, dass ein Fremdwährungskredit unbezahlbar wurde, wenn die eigene Währung schwächer wurde. Seit der Finanzkrise sei es kontinuierlich bergab gegangen, die Leute hätten weniger Blumen gekauft und der Forint hatte seit 2008 an Wert verloren, rapide und unaufhaltsam. Gabriella müsste mittlerweile doppelt so viel Geld an die Bank zahlen, um die Raten auszugleichen.

Gabriella lief schwankend durch den Flur, sie presste mehrere Bierflaschen mit den Armen an ihren Körper. Viszlát, rief sie Èva und mir zu und ließ die Wohnungstür hinter sich ins Schloss fallen. Wir sagten eine ganze Weile gar nichts mehr und lauschten nur der Musik. Wenn Èva sich eine Haarsträhne aus dem Gesicht strich, klapperten ihre Armreifen. Für einen Moment schien

Èva vergessen zu haben, dass sie sich über mich geärgert hatte. Im Hof bellte ein Hund und eine alte Frau schrie laut nach ihrem Mann. Ich hielt Ausschau nach Tibor und konnte ihn nirgendwo entdecken.

Im Wohnzimmer drehte einer der Gäste die Laustärkeregler nach oben. Wie Carolina, dachte ich und für einen Moment hätte ich gerne mit ihr in München auf dem Sofa gesessen, während im Fernseher Pamela Anderson den Strand entlang rannte und Carolina mit weit aufgerissenen Augen sonderbare Geräusche von sich gab. Als ich um die Ecke bog, zog sich ein Ehepaar die Schuhe aus und warf sie achtlos in eine Ecke. Ich sprang zur Seite, um nicht getroffen zu werden. Die beiden stellten sich eng umklammert auf einen Stuhl und wogten im Takt eines Hits von Tina Turner hin und her. Die Frau trug ein enges Top und eine helle Steghose, ich starrte auf das Fersenband an ihrem Fuß, das ein Hochrutschen des Hosenbeines verhinderte. Csaba stellte sich neben mich, legte mir einen Arm um die Schulter und wollte wissen, ob das Paar eine Wette verloren hätte. Die Frau kümmerte sich nicht darum, ob sie die Töne traf oder nicht, und von dem Mann war nur ein anhaltendes Brummen zu hören.

Und jetzt alle, rief die Frau und fast alle Gäste stimmten ein. Sie warfen ihre Schuhe in eine Ecke und Nachbarn und Kollegen, Tangotänzer und Taxifahrer, Kneipenbesitzer und Verwandte wirbelten durcheinander. Csaba zog Èva auf die Tanzfläche, er fasste sie an den Hüften und sie tanzten lachend einen Schieber, bis die ersten Nachbarn, die nicht eingeladen waren, gegen die Decke klopften und Sturm klingelten. Doch niemand öffnete die Tür. Auf einmal stand Tibor vor mir und ich zog ihn in den Flur. Wir lehnten uns gegen den Wandschrank und nippten an einer Wasserflasche, die Tibor uns aus der Küche geholt hatte, damit wir noch eine Weile gerade laufen konnten. Auf jedes Glas Schnaps kommt ein Glas Wasser, hatte Kinga immer gesagt.

Wir waren auf dem Weg in den Urlaub, sagte Tibor unvermittelt, wir wollten ein paar Tage am Balaton verbringen. Kinga war so überarbeitet, sie hatte sich seit Wochen darauf gefreut. Sie wollte unbedingt mit dem Zug fahren, wie immer, du kennst sie ja. Ich zählte ihr auf, wie viele zusätzliche Orte und Strände wir mit einem Auto erreichen konnten und wie wir zur Not auf den Rücksitzen schlafen würden, wenn wir keine Unterkunft fänden. Sie willigte ein, unter der Bedingung, dass sie nicht am Steuer sitzen musste und so viel Kleidung mitnehmen durfte, wie sie wollte. Auch für ihre Klappstühle, ihre Hängematte und ihr aufblasbares Krokodil musste Platz sein. Èva und Csaba liehen uns ihren Golf, wir packten ihn von oben bis unten voll. Das Krokodil sah durch die heruntergekurbelte Scheibe auf der Rückbank nach draußen. Kinga fand es herzlos, wenn es zusammengedrückt in einem Koffer lag und pumpte es noch kurz vor unserer Abfahrt auf. Wir hatten die Stadt noch nicht verlassen, als sich aus der Polaroid-Kamera schon das erste Foto von mir schob. Von mir am Steuer. Auf einmal heulte das Auto auf, als hätte ich keinen Gang eingelegt. Ich fuhr langsamer, aber der Anzeiger für die Drehzahlmessung

schlug wie wild hin und her, die Geräusche verstumm-
ten nicht und die Kühlerhaube dampfte. Runter von der
Kupplung, schrie Kinga mir zu und legte die Kamera zur
Seite. Ich bin nicht auf der Kupplung, schrie ich zurück
und hob wie zum Beweis das linke Bein an. Wir fuhren
ungebremst auf die Hauptstraße, ein Auto erwischte uns
von rechts und den Rest kennst du.

Ich rutschte auf den Boden und setzte mich, Tibor
folgte meinem Beispiel. Er drehte die Wasserflasche in
seinen Händen und studierte das Etikett.

Vor dem Unfall haben wir uns ständig gestritten.
Wusstest du das?

Ich schüttelte den Kopf.

Kinga hielt mich für einen Nichtsnutz, weil ich nach
dem Abschluss keinen Job fand. Sie verstand nicht, dass
ich lieber mit wenig Geld auskam, als mich auf Anzei-
gen zu bewerben, die nichts mit meinem Studium oder
meinen Interessen zu tun hatten. Sie druckte Stellen-
ausschreibungen für mich aus und als sie herausfand,
dass ich das alles ignorierte und mich nirgendwo vorstellen wollte, warf sie eines Abends ein Weinglas gegen die Wohnzimmerwand und verbrachte ein paar
Tage bei ihren Eltern.

Tibor lehnte seinen Kopf an meine Schulter, und wir
verharrten schweigend in dieser Position, bis ein paar
andere Gäste direkt neben uns stehen blieben.

Ich hole uns Schnaps, sagte ich und zog Tibor nach
oben; wir liefen Richtung Küche, als Èva um die Ecke
bog. Sie machte einen Schritt zur Seite, damit Tibor ihr
nicht auf die Füße trat.

Rechts vor links, sagte sie, wieso beherrschst du nicht einmal die wichtigsten Verkehrsregeln?

Sie sah ihm direkt in die Augen. Wir rührten uns nicht, und ließen sie an uns vorbeiziehen, kurz darauf hörten wir sie im Wohnzimmer mit Csaba schäkern. Ein Blick genügte, und Tibor und ich schlüpften in unsere Jacken, wir rannten die Treppenstufen nach unten, ohne uns von jemandem zu verabschieden, wir liefen ohne Pause die Straße entlang. Erst als wir die kleinen Straßen hinter uns gelassen hatten und am Ring standen, verlangsamten wir unsere Schritte. Wir waren dem Geburtstag entkommen, der Menschenansammlung, den kritischen Blicken. Und wir waren Èva entkommen und den Gespenstern, die sie heraufbeschwor, mit leiser Stimme und einem Lachen im Gesicht. Tibor begutachtete seine abgenutzten Schuhspitzen, dann schob er seine Hand in meine.

Ich bin längst eine Persona non grata für sie, sagte er.

Wir blieben vor einem großen Wohnblock stehen, unweit des Westbahnhofs in Pest, in einer engen Straße mit hohen, grauen Häusern. Wir hatten seine Wohnung bisher gemieden. Ich hatte mich nicht getraut, mich selbst einzuladen, schließlich hatte Kinga mit ihm dort zusammengewohnt. Der Aufzug war seit über einer Woche kaputt, und wir mussten durch das enge Treppenhaus in den sechsten Stock laufen. Ich hielt mir die Nase zu und Tibor sagte:

Willkommen zu Hause.

Im Flur zu seiner Wohnung hob er die Klappe zum Müllschlucker und zog eine leere Plastikflasche aus dem Rucksack, die er zu Demonstrationszwecken in den offenen Schlund warf. Der Aufprall kam später als erwartet und ich wunderte mich über seinen stolzen Gesichtsausdruck. Er schloss die Tür zu seiner Wohnung auf, ein Krankenwagen fuhr vorbei, und ich hätte die Sirene gerne leiser gestellt.

Als ich hier eingezogen bin, konnte ich oft stundenlang nicht einschlafen, sagte er. Selbst bei geschlossenem Fenster kannst du den Lärm nicht überhören.

Es war seltsam, dass er nur von sich sprach, obwohl ich doch wusste, dass sie zusammen eingezogen waren. Mangels Garderobe warfen wir unsere Jacken im Flur auf den Boden, und ich ließ mich in einen riesigen Samtsessel fallen, den ich alleine nicht hätte verschieben können. Tibor hatte nach dem Tod seiner Großmutter ihre alten Möbel behalten, das Kirschbaumholz roch nach einer anderen Zeit.

In der Küche kochte Tibor Milch für uns auf, er hatte mir unterwegs die beste heiße Schokolade der Welt versprochen. Ich durfte nicht näherkommen, während er am Herd stand und betrachtete deshalb die vielen Fotos an den Wänden, die in schweren Bilderrahmen steckten oder einfach mit Stecknadeln an der Tapete befestigt waren. Er hatte Kleinigkeiten fotografiert, eine faltige Hand, die ins Leere griff, die Lefzen eines Dobermanns, ein Banksy-Graffiti an einer Hauswand. Tibor ging dicht an mir vorbei, streifte mein Knie mit einem Hosenbein und stellte unsere Tassen auf seinen Wohnzimmertisch, der hin und her schwankte. Er versuchte, mit einem Bierdeckel die ungleiche Länge der

Tischbeine auszugleichen, was ihm auch nach mehreren Versuchen nicht gelang. Ich nippte am Kakao, der nach Chili und Vanille schmeckte, nach Kardamom und Zimt. Tibor zog seine Socken aus und lief barfuß durch die Wohnung, er zog Fotoalben und Lyrikbände aus seinem Bücherregal und blätterte sie hastig durch. Er setzte sich auf den Boden, er stellte sich ans Fenster, er setzte sich wieder hin.

Hast du gestern den Großen Preis von Brasilien gesehen, fragte ich.

Sicher. Du etwa auch?

Früher habe ich mir die Rennen immer mit meinem Vater angesehen.

Meine Stimme war brüchiger als sonst, und ich wandte den Blick ab, damit er nicht bemerkte, dass ich ihm etwas vormachte. Seit ich in Budapest war, kamen mir die Lügen leichter über die Lippen als sonst, insgeheim nannte ich sie *white lies*, es waren Lügen, die einen höheren Zweck erfüllten, die mir das Ankommen in der fremden Stadt erleichtern sollten. Nur manchmal fragte ich mich, ob Kinga mich noch erkennen würde, wenn sie aufwachte, und wie in aller Welt ich ihr dann die Veränderungen erklären würde.

Du gefällst mir immer besser, sagte Tibor und rückte näher. Er strich mir eine Haarsträhne aus dem Gesicht, und wir verringerten den Abstand zwischen unseren Körpern, bis wir wie zwei unterschiedlich gepolte Magnete aneinanderklebten. Ich schob eine Hand unter sein T-Shirt und kurz darauf lagen wir auf seinem Bett, unsere Kleider wie Wegmarkierungen auf dem Fußboden verstreut. Auf der Straße grölte ein Betrunkener, eine Alarmanlage heulte auf, und im Radio lief ein Unplugged-Konzert von R E M. Tibor zog mit den Fingerkuppen Linien entlang meiner Beckenknochen und ich setzte mich auf ihn. Wir bewegten uns so langsam, als könnten wir es uns jeden Moment anders überlegen. Ich sah die Schweißperlen auf seinen Schläfen, zwei Lymphknoten an seinem Hals, einen birnenförmigen Leberfleck an der Brust. Als sein Atem schneller wurde, stützte ich mich mit den Händen auf seinem Oberkörper ab und gab den Rhythmus vor, so wie Kinga es mir in ihren Briefen beschrieben hatte.

Als ich wieder aufwachte, fiel Tageslicht in die Wohnung, und ich sammelte wie ferngesteuert meine Klamotten auf. Tibor wälzte sich im Schlaf auf die andere Seite, die Decke war auf den Boden geglitten. Mein Blick fiel auf das Foto, das über dem Bett hing, es war das einzige Foto, das keine unscheinbaren Details zeigte, sondern Kinga. Sie saß in einem Kettenkarrussel, die Augen geschlossen, den Mund leicht geöffnet. Ich stellte mir Tibor dazu vor, wie er sie aus dem Sitz hob und ihr schokolierte Früchte kaufte, wie er Hand in Hand mit ihr über den Rummel lief und beim Luftballonschießen ein Stofftier für sie gewann, wie er sie nach der Rückkehr in sein Bett trug.

Ich fahre zurück zu Èva und Csaba, sagte ich, für einen kurzen Alibischlaf.

Kommst du wieder?

Ich zog die Tür leise hinter mir zu, ohne zu antworten. An der Haltestelle stieg ich in eine der ersten Straßenbahnen des Tages. Sie war so gut wie leer, nur auf den Plätzen hinter dem Fahrerhäuschen saßen ein Mann im Anzug und eine Frau im Blusenkleid, die einen verwelkten Blumenstrauß wie eine Trophäe umklammerte. Ich starrte aus dem Fenster, auf die grauen Häuserfassaden, die geschlossenen Geschäfte und die wenigen Passanten, deren Atem in der kalten Luft sichtbar wurde und kleine Wolken vor ihrem Mund bildete.

Die Wohnung von Èva und Csaba war still, als ich den Schlüssel im Schloss drehte. Ich schlich Richtung Gästezimmer, ohne Jacke oder Schuhe auszuziehen und auf einmal stand Csaba vor mir. Sein Hemd war schief zugeknöpft und er roch nach Schnaps und Pfefferminze.

Kein Wort zu Èva, sagte ich.

Er sah mich an, als würde er überlegen, ob ich ihn wirklich verraten und von seinem neuen Job als Reinigungskraft erzählen würde. Ich verzog keine Miene.

Kein Wort zu Èva, willigte er schließlich ein.

Ist das ein Deal?

Er nickte und wir schüttelten die Hände wie wichtige Geschäftspartner nach der Vertragsunterzeichnung. Im Flur stapelten sich Müllbeutel und leere Flaschen, ein rosafarbenes Satinkleid, das ich nicht von Èva kannte, baumelte verloren an der Garderobe und über dem Spiegel hing eine zerrissene Girlande. Csaba zog sich ins Schlafzimmer zurück, und ich ging in die Küche, zwischen den Bergen aus ungespültem Geschirr und ineinander gestapelten Pappbechern stellte ich mir ein

erstes Frühstück zusammen, mit Nudelsalat und Gries-
kuchen, Käsespießen und Zimtschnecken. Ich ließ mich
auf die Matratze sinken und fiel schon nach wenigen
Bissen in einen Halbschlaf, wälzte mich hin und her und
träumte von Hunden und Kettenkarussells, von Steg-
hosen und Müllschluckern. Auf der Straße vor dem
Fenster stritt ein Paar und ihre lauten Wortsalven
weckten mich, ich versuchte anhand der Stimmen herauszufinden, ob ich sie von der Feier kannte, doch während ich sie belauschte, nickte ich wieder ein. 9 Uhr 21,
zeigte der Wecker, als ich aus der Küche das Klirren von
Besteck und Tellern hörte, das Radio lief und Èva und
Csaba unterhielten sich leise. Ich drehte mich auf die
andere Seite und zog die Decke enger um mich herum,
bis Csaba fluchte, das Festnetztelefon klingelte und im
Flur das Plastik der Müllsäcke knisterte.

Szervusz, rief Èva, dann fiel die Tür hinter ihnen zu.

Nach einer Blitzdusche nahm ich die Bahn zu Tibor, die
Sitzplätze waren belegt. Ich hielt mich an einem der
Haltegriffe fest und lehnte den Kopf in die Armbeuge,
schon nach wenigen Metern fielen mir die Augen zu.
Tibor öffnete mir die Tür in Boxershorts.

Willst du so tun, als hätten wir nur geträumt, fragte
ich.

Ich bekam keine Antwort. Er hatte Schlafsand in den
Augen und seine Schritte waren ungelenker als sonst.
Im Bad hielt er sein Gesicht unter den kalten Wasser-
strahl, er ließ die Tür offen und ich sah, wie sich seine
Muskeln auf dem Oberkörper abzeichneten, bevor er

in eine Jeans schlüpfte und sich ein ausgeleiertes T-Shirt mit einem Krümelmonster-Aufdruck anzog. Ich öffnete den Kühlschrank, trank Milch aus der Packung und veränderte seine Ordnung. Ich stellte die Marmelade auf die Wiener Würstchen, den Joghurt unter den Senf.

Was hast du vor, fragte er und kam näher.

Ich gab keine Antwort.

Ich mache uns Palatschinken zum Frühstück, sagte er. Ich umarmte ihn von hinten, als er eine Packung Mehl hinter seinem Müslivorrat hervorzog, er erschrak und drückte die Hände zusammen, die Packung platzte und das Mehl flog durch die Luft, bedeckte seine Schultern und meine Arme. Er lachte und als ich mich von ihm löste, küsste er mich auf die Stirn. Nachdem Tibor alle Zutaten in einer großen Schüssel verrührt hatte, goss er einen Schuss Sekt dazu. Das Fett spritzte, als er die ersten Palatschinken in der Pfanne ausbuk, ich riss alle Fenster auf, damit der Geruch sich nicht für den Rest des Tages in der Wohnung und unseren Klamotten verfing. Auf dem wackligen Tisch türmte Tibor die Palatschinken auf einen Teller. Er stellte Rucola und Tomaten dazu, Bergkäse und Paprika, Nutella und Bananen, Honig und Walnüsse. Während wir die Palatschinken belegten und zusammenrollten, redeten wir über die angekündigte Kältefront, die neuen Gesetzentwürfe der Regierung und die Neuanordnung der Bücher im Antiquariat. Um uns ging es nie, und unser Ton war so sachlich, als würden wir über allen Dingen stehen. Man muss nicht immer alles benennen, hatte Kinga in einem ihrer Briefe geschrieben, es war einer ihrer universellen Sätze, die zu einer Vielzahl von Situationen passten und mir nicht aus dem Kopf gingen. Ich schenkte Tibor Kaffee ein, und beim Aufstehen rutschte mein Rock nach oben. Es musste wie ein Versehen aussehen, ein Trick von Kinga, ich hatte ihn lange vor dem Spiegel geübt. Tibor zog mich näher zu sich und trug mich zu seinem Bett.

Vor dem Fenster zog eine konturlose, graue Wolkenfläche vorbei, die kein Sonnenlicht hindurch ließ. In seinem kleinen Bad ohne Tageslicht benutzte ich seine Zahnbürste und sein Handtuch, seine Gesichtscreme und seinen Kamm und versuchte, so wenige Geräusche wie möglich zu machen. Die Lüftung brummte vor sich hin. Tibor lag an der Wandseite und hatte seine Schlafbrille auf, er sah damit aus wie ein Insekt. Ich rutschte ein Stück näher zu ihm und ließ meine Hand über seinem Gesicht fallen, ich stoppte erst kurz vorher, aber er bemerkte nichts davon. Sein Atem war flacher geworden und ich fragte mich, wie ich ebenfalls zur Ruhe kommen sollte. Ich legte mich an die andere Bettkante, ließ eine Hand in der Luft baumeln und hielt den Schlüssel von Èvas und Csabas Wohnung umklammert, eine Schlaftechnik, die ich von Simon gelernt hatte. Er hatte mir so lange von der Erholung ohne Tiefschlafphasen vorgeschwärmt, bis ich mich nach jedem Dienst in der Bäckerei in meiner Wohnung auf das Sofa legte. Angeblich hatten auch Einstein und Dali sich so zur Ruhe gelegt. Diesmal funktionierte es nicht, meine

Muskeln entspannten sich nicht und der Schlüssel fiel nicht wie geplant als Wecksignal zu Boden. Stattdessen juckte es mich an den Beinen, am Rücken und am Nacken. Ich stand auf und ging in die Küche, zog den Vorhang ein Stück zur Seite und das Licht fiel in einem schmalen Streifen über den Tisch und die Stühle, bis zur angelehnten Tür. Ich kochte eine Kanne Tee, die ich vor mich stellte und mit den Händen umschloss. Die Wärme schien bis in meine Zehenspitzen zu kriechen und lange saß ich einfach nur da und zählte die Kacheln über der Spüle, die Tassen und Gläser im Regal, die Karos auf dem Vorhang vor der Speisekammer. Als der Stundenzeiger auf die 16 wanderte, öffnete ich die Fenster in der Küche und im großen Zimmer und bemühte mich nicht mehr leise zu sein. Ich setzte mich vor Tibors Bücherregal, versuchte die ungarischen Titel zu entziffern und suchte nach bekannten Wörtern. Ich fand Dostojewski und Murakami, Büchner und Wilde, Hesse und Defoe. Er hatte die Bücher nach den Herkunftsländern der Autoren und nach Themengebieten sortiert, ich zog wahllos einzelne Bücher heraus und stieß hinter einem Kafka-Sammelband auf einen Pappkarton voller Schnappschüsse. Kinga hatte jeweils einen Satz auf die Rückseite geschrieben, Zitate aus Büchern und Filmen oder eine detaillierte Beschreibung ihres Gefühlszustands. Ich erkannte ihre Schrift sofort, die kleinen unverbundenen Buchstaben.

Ich bin auch noch da, sagte Tibor, der leise näher gekommen war, und die Fotos rutschten mir aus der Hand.

Entwicklungspaste

Auf der Straße lagen vereinzelt vertrocknete Blätter, als hätte der Asphalt Leberflecke. Ich stieg aus dem Bus, der direkt vor dem Schwimmbad auf der Margareteninsel hielt und fragte an der Kasse nach den Eintrittspreisen. Die Frau hinter der Glaswand verkaufte mir eine rostbraune Karte von einer großen Abreißrolle, nur ihre Wegbeschreibung verstand ich nicht. Die Umkleidekabinen waren leicht zu finden, aber danach irrte ich im Badeanzug durch die schmalen, gekachelten Gänge und suchte vergeblich nach einem Piktogramm. Ich lief am Zimmer der Putzfrau, an einem Lagerraum für Schwimmnudeln und an mehreren ausklappbaren Leitern und Farbeimern vorbei, bis ich aus der Ferne zwei Männer in Badehosen sah, die eine lichtdurchlässige Absperrplane anhoben und darunter verschwanden. Ich beschleunigte meine Schritte und folgte ihnen nach draußen, wo die Baustellenspuren versiegten. Die Tribüne an der Längsseite des Außenbeckens war leer, ich legte mein Handtuch auf die unterste Zementstufe und verschränkte die Arme vor der Brust. Ein Bademeister ging mit seiner Trillerpfeife auf und ab, er telefonierte und störte sich nicht an den Jugendlichen, die sich zwischen den Schwimmern einen Wasserball zuwarfen. Ich ließ mich langsam in das geheizte Wasser gleiten, ich wollte zügig ein paar Bahnen schwimmen und alles andere vergessen. Ich kraulte an den Jugendlichen vorbei, aber die Dichtungen der Schwimmbrille drückten, und als ich das Kopfband verstellte, lief Wasser hinein. Der Stoff des Badeanzugs schnitt an den Hüften in das Fleisch und hinterließ unangenehme Striemen. Ein Mann überholte mich, und ich glaubte, sein Aftershave unter Wasser schmecken zu können. Nach ein paar Zügen wurde ich von zwei Mädchen gestoppt, die quer durch das Becken schwammen und ihre Köpfe aus dem Wasser streckten, um ihre Frisuren trocken zu halten. Ich ließ sie vorüberziehen, doch nach wenigen Bahnen hatte ich einen Krampf in der Wade. Ich schwamm langsam an den Rand und kletterte über die Leiter nach draußen. Ich hatte gehofft, im Chlorwasser meine Unruhe loswerden zu können. Seit dem Aufwachen konnte ich mich auf nichts konzentrieren und selbst das Buch über die Geschichte des Backens, das Tibor mir aus dem Antiquariat mitgebracht hatte, klappte ich nach wenigen Seiten wieder zu. Ich musste die ganze Zeit daran denken, wie die nächsten Monate aussehen würden, ob ich mich dauerhaft in der Stadt niederlassen sollte und wo ich in Zukunft wohnen würde. Ich lief ein paar Schritte neben dem Becken auf und ab, schüttelte die Beine aus und dehnte die linke Wade. Nächster Versuch, dachte ich und wählte eine Bahn ganz am Rand des Beckens. Vor mir schwamm eine ältere Frau, die mir mit jedem Beinschlag Wasser ins Gesicht spritzte. Kurz bevor ich zum ersten Mal wenden wollte, begann es zu regnen. Ich ignorierte die Tropfen und tauchte, soweit ich konnte, bis die Pfiffe des Bademeisters eindeutig nur noch mich meinen konnten. Gewittergefahr – Schwimmen untersagt. Es war in jedem Land das Gleiche. Ich zog mich um, stöpselte mir Musik ins Ohr und lief Richtung Margaretenbrücke. Trotz des Nieselregens kamen mir viele Spaziergänger entgegen, die ihre Schals eng um den Hals gewickelt hatten und mit gerötetem Gesicht die kalte Luft einsogen. Ich berührte bei jedem Schritt die Ritzen zwischen den Asphaltsteinen, erst ganz zaghaft, dann mit viel Genuss. Es wurde wirklich Zeit, dass ich diesen Kinderglauben hinter mir ließ. Vielleicht war es viel spannender, wenn die unabsehbaren Dinge endlich einmal geschahen.

Tibor und ich hatten seit einer Woche jeden Abend zusammen verbracht. Er brachte mir belegte Brote im Café vorbei, wenn ich eine lange Schicht übernommen hatte und lieh mir seinen Wintermantel, weil mir das Tannengrün so gut gefiel. Ich brachte ihm Lyrikbände und Fotobücher aus der Bibliothek mit, druckte ihm Rezepte aus, füllte seinen Kühlschrank. Mal verabredeten wir uns in der Stadt, mal trafen wir uns gleich in seiner Wohnung. Wir sprachen nicht mehr über Kinga und den Unfall, wir erzählten niemandem von uns und mieden jedes Gespräch über die Zukunft. Ich war mehrmals kurz davor, das Thema zur Sprache zu bringen und dann wartete ich doch nur bei jedem Treffen darauf, dass er von alleine etwas wissen wollte. Was nie geschah. Veränderungen brauchen eben Zeit, dachte ich. Nur einmal machte er eine Anspielung, als ich ein indonesisches Rindfleisch-Curry für ihn kochte, gewürzt mit Kumin und Fenchel, Zitronengras und Gewürznelken, Koriander und Chili.

Die sieben guten Jahre kommen, sagte er, nachdem er den ersten Bissen probiert hatte. Als ich ihn ratlos ansah, erklärte er mir Zoltáns neueste Theorie, wonach sich das ganze Leben in gute und schlechte Jahre einteilen ließe und nach sieben schlechten Jahren immer sieben gute Jahre kämen, was mit der Zellerneuerung zu tun hätte. Ich glaube nicht an diesen Quatsch mit den Zellen, hatte Tibor zu Zoltán gesagt, aber an die sieben gute Jahre glaube ich gerne. Zoltán war mit der Referendarin zusammen gekommen, in der Nacht nach Csabas Geburtstag, und seitdem war er ein unverbesserlicher Optimist.

Du hättest Zoltán sagen sollen, dass der menschliche Körper in jeder Sekunde rund 50 Millionen neue Zellen bildet und dass in jeder Sekunde genauso viele Zellen sterben. Das weiß ich von meinem Vater. Du hättest sonst als 80-jähriger zwei Tonnen Knochenmark und einen 16 Kilometer langen Darm. Es gibt Zellen, die nur ein paar Stunden leben, und es gibt Zellen, die deinem Körper ein paar Jahre erhalten bleiben.

Können wir trotzdem an die sieben guten Jahre glauben?

Wir müssen nur eine andere Theorie dafür erfinden.

Hinter seinem Rücken spreizte ich Zeige- und Mittelfinger zum Victory-Zeichen. Tibor stapelte unsere Teller und Tassen in der Spüle, während ich in seinem Bad verschwand. Beim Zähneputzen konnte ich den Blick nicht von meinem Spiegelbild abwenden, der blassen Haut, den kleinen Augen, dem Pickel auf der Stirn. Meine Haare waren lang geworden, ich hatte sie seit meiner Ankunft in Budapest nicht mehr geschnitten und mittlerweile reichten sie mir bis zu den Brüsten. Sie waren spröde von der Kälte und ich fuhr mit den Handflächen über den Haaransatz, meinen ungarischen Haaransatz. Mir gefiel der Gedanke, dass in jeder Sekunde ein paar deutsche Zellen in mir abstarben und ungarische Zellen dazu kamen, Millionen ungarischer Zellen. Tibor lag schon im Bett und ich legte mich neben ihn, wir schliefen seit unserer ersten Nacht jeden Abend nebeneinander ein, Arme und Beine eng verzahnt, bis um 4.30 Uhr mein Handywecker klingelte. Dann nahm ich die erste Bahn, schlich mich ins Gästezimmer und legte mich erneut für einen Alibischlaf ins Bett. Csaba erwischte mich nicht noch einmal, und Èva fragte nicht mehr nach Tibor, sie ließen mir morgens das Frühstück stehen und legten mir Fresszettel neben das Telefon, als wäre nichts Ungewöhnliches geschehen.

Anhand der Zeitungsartikel, die von meiner Kaffeetasse beschwert wurden, erfuhr ich, dass nach einem Aufruf der Occupy-Bewegung in 82 Ländern Hunderttausende auf die Straße gegangen waren, dass Muammar al-Gaddafi in seiner Heimatstadt Sirte von Milizionären getötet worden war und dass auf der Erde mittlerweile sieben Milliarden Menschen lebten, die Vereinten Nationen aber auf ein symbolisches Milliardenkind verzichtet hatten. Ich las, dass in Berlin das 471. Fahrzeug in Brand gesetzt worden war, dass das längste Isolationsexperiment in der Geschichte der Raumfahrt nach 520 Tagen zu Ende gegangen war und dass europäische Politiker auf einem Gipfel in Brüssel ein umfassendes Rettungspaket und einen teilweisen Schuldenerlass für Griechenland beschlossen hatten.

Lust auf einen Film mit Tom Hanks, fragte Tibor und streckte mir das Kinoprogramm entgegen.

Immer, sagte ich.

Du hast mich angesteckt. Nachdem Kinga mir von deiner Tom Hanks-Kollektion erzählt hat, habe ich keinen Film mit ihm verpasst.

Obwohl wir uns nicht einmal kannten?

Obwohl wir uns nicht einmal kannten.

Der erste Schnee des Jahres war gefallen und die Autos in der Stadt hatten ihn in Windeseile in einen braunen Matsch verwandelt, auf der Donau lag eine dünne Eisschicht, die noch niemanden trug.

Seit dem Zweiten Weltkrieg ist die Donau nicht mehr komplett zugefroren, sagte Tibor, dafür müsste es tagelang -30 Grad haben. Wusstest du, dass es früher in den Wintermonaten keine Verbindung zwischen Buda und Pest gab, weil die damalige Pontonbrücke aus Schwimmkörpern in der kalten Jahreszeit abgebaut werden musste?

Meine Fingergelenke waren steif von der Kälte, wir froren bei jedem Schritt und ruderten mit den Armen auf und ab, wir sprangen vom Bordstein auf die Straße und zurück, wir rieben uns gegenseitig über die Wangen. In einer Bäckerei holte ich uns Teigtaschen, die mit Kartoffelbrei gefüllt waren, die Papiertüte verströmte noch die Wärme des Backofens. Im Kino zog ich die Polaroid-Kamera hervor und fotografierte Tibor vor dem Saal. Er hatte einen Popcorneimer in der Hand, den er mir entgegenhielt und seine Augen waren weit aufgerissen, als würde er einem Zombie ins Auge sehen. Außer uns saß nur ein ineinander verschlungenes Paar im Saal, sie hatten sich in die letzte Reihe zurückgezogen. Ich hatte Eiskonfekt gekauft und wärmte die Packung ein paar Minuten zwischen meinen Beinen, um meinen Zähnen den Kälteschock zu ersparen, und Tibor nannte mich eine alte Oma. Ich stieß ihm meinen Ellbogen in die Seite, und er wurde still. Das Licht ging aus, wir sanken tiefer in die Sessel und aßen abwechselnd Konfekt und Popcorn. Beides war leer, bevor der Film überhaupt angefangen hatte. Aus der letzten Reihe hörten wir die gedämpften Gespräche des Paares und das Rascheln der Chipstüte, nur wenn sie sich küssten, wurde es kurz still. Als ich merkte, dass Tibor eingeschlafen war, machte ich erneut ein Foto von ihm. Er wachte auf.

Unverschämtheit, sagte er.

Nach dem Film blieben wir auf der überdachten Treppe vor dem Kino sitzen. Die Handlung war dünn gewesen, eine Ansammlung unlogischer Verknüpfungen und unvorstellbarer Zufälle, dazu flache Figuren, deren Charakterzüge uns aus anderen Hollywoodfilmen bekannt vorkamen, es wirkte alles wie am Reißbrett konstruiert.

Aber Tom war gut, sagte ich.

Ein angetrunkenes Mädchen lief an uns vorbei, sie schwankte und entblößte lachend ihre Zähne, auf denen Spuren ihres Lippenstiftes klebten. Ihre Wimperntusche war verschmiert und lief in schwarzen Schlieren ihre Wangen hinab.

Meine Zehen frieren, lass uns gehen, sagte Tibor und stand auf, er stellte seine Füße als Gegengewicht auf meine und zog mich hoch. Ich fragte mich, ob er die Angewohnheit von Kinga übernommen hatte. An der Haltestelle mischten wir uns unter die Wartenden, die nach Schweiß und Bier rochen und sich mit erhobenen Stimmen und schrillem Lachen über ihren Abend unterhielten. Je lauter sie wurden, desto stiller wurden wir. Wir stiegen in unterschiedliche Busse, zum ersten Mal nach langer Zeit. Tibor wollte früh ins Bett und mindestens 12 Stunden schlafen. Seine Augenringe waren tiefer und tiefer geworden und wenn er im Antiquariat aushalf, fragten ihn alle, warum er so blass sei.

Der Bus fuhr unter Lichterketten und Leuchtsternen hindurch, die von einer Straßenseite zur anderen gespannt waren und an die näher rückenden Feiertage erinnerten. Je mehr Weihnachtsbäume ich sah, desto öfter dachte ich an Carolina und meinen Vater und ihren Alltag in der Villa. Von meiner Mutter hatten wir vor meiner Abreise nach Budapest kaum noch etwas Persönliches gehört, auf ihren Postkarten schrieb sie nur von sich und ihrer Wohnung, von ihrer Arbeit und ihren neuen Entwürfen. Den Mann an ihrer Seite sparte sie aus, doch wenn mein Vater gemeinsame Bekannte aus alten Zeiten traf, hörte er eine andere Version ihres Lebens. Eine Version mit einem gemeinsamen Architekturbüro, das mehrere Preise für innovative Bauten eingeheimst hatte, eine Version mit einem unerfüllten Kinderwunsch und zwei gefährlichen Eileiterschwangerschaften.

Die Bustüren öffneten sich zischend an meiner Haltestelle, und ich stieg aus, lief mit gesenktem Kopf die Straße entlang, bis ich an dem Internetcafé mit meinen Colaflecken auf dem Teppichboden vorbeikam. Der Mann am Tresen winkte und als ich seinen Laden betrat, zeigte er auf einen der freien Tische und drückte mir mein Passwort in die Hand. Ich ließ mich auf den Drehstuhl fallen, den ich mehrmals um seine eigene Achse kreisen ließ, bis mir schwindlig wurde und ich die Richtung wechseln musste.

Du hast etwas verpasst, schrieb Simon, ich habe im Zoo eine Tierpatenschaft für Pablo übernommen und darf ihn einmal pro Jahr in seinem Gehege besuchen. Du kannst dir nicht vorstellen, wie laut Pablo quiekt, wenn du ihn kraulst und wie genüsslich er schmatzt, wenn du ihn fütterst. Mein Vater hat den Dienst auf der Gynäkologie-Station wieder aufgenommen und seinem Assistenzarzt gekündigt, nur dein Vater bleibt weiterhin zu Hause, er hat sich in den vorzeitigen Ruhestand versetzen lassen und der Klinik den Rücken gekehrt.

Neben den üblichen Spam-Mails war der Posteingang mit Nachrichten von meinem Vater gefüllt, er hatte die Betreffzeile frei gelassen und so hangelte ich mich chronologisch von Botschaft zu Botschaft. Er hatte offensichtlich ein neues Hobby gefunden, denn er beschrieb detailliert sein Gesellschaftsbecken für Garnelen und Fische, in dem ruhige Zwergfadenfische und lebhafte Kupfersalmler wohnten. Er benannte sie nach seinen Lieblingsforschern, um sie besser auseinanderhalten zu können. In einer anderen Mail erzählte er mir von einem zweiten Aquarium, das er für seinen neuen Lieblingsfisch reserviert hatte, einen Streifenwiesel. Er hatte sich nur ein einziges Exemplar dieser Sorte mit den auffälligen roten Streifen an der Brust besorgt.

Der Streifenwiesel, schrieb mein Vater, ist ein genügsames Wesen. Er ist ein extremer Einzelgänger und treibt am liebsten alleine durch das Becken, weil er viel Platz braucht. Am Futterplatz duldet er keine Konkurrenz und auch den Bau seiner Höhlen erledigt er lieber ohne Mitstreiter. Ich bin unsicher, welchen Namen ich ihm geben soll. Fällt dir etwas ein?

Ich malte mir aus, wie mein Vater den Fütterungsautomat füllte und mit dem Schlammsauger den Bodengrund reinigte, nur die einzelnen Fische konnte ich mir kaum vorstellen. Ich gab ihre Namen in die Suchmaschine ein und fand zahlreiche Fotos von Zwergfadenfischen und Kupfersalmlern, ich informierte mich über die Haltung von Garnelen im Aquarium und über ihre Fortpflanzung, nur über den Streifenwiesel fand ich keinen einzigen Eintrag. Ich schrieb mir die Nummern von ein paar Aquaristik-Geschäften auf, dann schaltete ich den Computer aus, zahlte und lief durch den Schneematsch zur Wohnung von Èva und Csaba. Die Nässe zog durch die undichten Nähte meiner Stiefel. In einem Baum am Straßenrand hing ein tropfender Teddy, dem ein Auge fehlte. Die Passanten, die mir entgegenkamen, starrten auf den Boden und setzten vorsichtig einen Fuß vor den anderen.

Habe ich etwas verpasst, fragte ich am nächsten Morgen am Frühstückstisch. Ich war spät aufgestanden, und es war längst Nachmittag, aber als ich frischen Kaffee für mich aufbrühte und mir ein Brötchen schmierte, setzten sich Csaba und Èva zu mir. Im Wohnzimmer standen Vasen mit Nelken, Calla und Gerbera, im Flur war ich an Tulpen, Freesien und Chrysanthemen vorbeigelaufen und in der Küche hatte ich beim Öffnen des Kühlschranks fast einen riesigen Rosenstrauß auf der Fensterbank umgeworfen.

Die Blumen sind von Freunden und Nachbarn, sagte Èva, ich hatte nicht erwartet, dass so viele an den Geburtstag denken. Schade, dass du nicht früher wach geworden bist, wir wären gerne mit dir zusammen ins Krankenhaus gefahren.

Sie strich beim Reden mit den Fingerkuppen über die Tischdecke und wich meinem Blick aus. Ich überlegte, was ich zu ihr sagen sollte, wie ich meinen Fehler wieder gutmachen konnte. Csaba zog ein Polaroid von Kinga hervor und legte es vor sich hin.

Auf dich, sagte er und prostete dem Bild mit einem Glas Wasser zu.

Kinga war 25 geworden und ich hatte es vergessen, die Kaffeetasse zitterte in meiner Hand. Ich stellte sie umgehend auf dem Tisch ab. Èva hielt meine Unbeholfenheit offenbar für Traurigkeit, sie stand auf und strich mir über den Rücken.

Es hilft nichts, wenn wir trübselig herumsitzen, sagte sie, wir gehen zu einer Demo gegen die neuen Gesetze. Der Bürgermeister des 8. Bezirks will allen Obdachlosen den Aufenthalt auf der Straße verbieten, selbst das Wühlen in Mülltonnen soll seiner Meinung nach unter Strafe gestellt werden. Wer sich nicht daran hält, muss eine Geldstrafe zahlen oder ein paar Nächte im Gefängnis verbringen.

Ich hörte ihr interessiert zu und war froh über den Themawechsel.

Es gibt viel zu wenige Notunterkünfte in der Stadt und die Regierung wird das Problem so niemals lösen, sagte Csaba und schlüpfte in seine Schuhe. Bei einem Sitzstreik vor dem Büro des Bürgermeisters wollen wir die Arbeit im Amt so lange stören, bis uns ein Zugeständnis gemacht wird.

Wenn ich groß bin, werde ich Penner, hatte ich als Kind einmal vor dem Einschlafen zu meinem Vater gesagt und bis heute konnte ich mich an sein entsetztes Gesicht erinnern. Ich fragte mich, was aus Pál wurde, wenn Obdachlose nicht mehr draußen schlafen durften. Tibor vermutete, dass er auf die Straße gezogen war. Seine Wohnung schien seit Wochen vollkommen verwaist zu sein, kein Nachbar hatte ihn gesehen und kein Bekannter wusste etwas Neues von ihm. Oder hielt Pál sich bei einem Freund auf, den Tibor nicht kannte?

Komm doch mit zur Demo, sagte Csaba und warf mir meine Jacke zu.

Ich bin schon zum Essen eingeladen.

Èva sah mich vorwurfsvoll an, doch sie fragte nicht nach weiteren Einzelheiten und ließ die Wohnungstür krachend hinter sich ins Schloss fallen. Ich holte das Festnetztelefon aus dem Flur, rief die Fachgeschäfte von meiner Liste an und fragte nach einem Verkäufer, der Deutsch sprach. Beim dritten Versuch wurde der Hörer am anderen Ende der Leitung weitergereicht. Ich fragte nach dem Lieblingsfisch meines Vaters, doch der Verkäufer lachte nur.

Es gibt keine Streifenwiesel, sagte er, da hat Sie wohl jemand auf den Arm genommen.

Tibors Tante erwartete mich am frühen Abend. Sie wollte mich seit dem Tag in der Therme wiedersehen und hatte Tibor solange mit Einladungen bedrängt, bis er schwach geworden war.

Wenn du einen Hustenanfall bekommst, weiß ich, dass du gehen willst, sagte er. Sicher ist sicher, bei meiner Tante weiß man nie.

Wir klingelten und fuhren mit dem Aufzug nach oben, sie wohnten in einem Neubau mit kleinen Fenstern.

Ich habe deutsche Musik für dich aufgelegt, sagte die Tante zur Begrüßung und drückte mich fest an ihre Brust.

Tief sind die Herzen der Frauen, wie das ewige, weite Meer, nie wirst den Grund du sehn, nie wirst du sie verstehn, sang Johannes Heesters.

Die Tante legte den Arm um mich und führte mich zu meinem Platz. Tibors Onkel stellte einen riesigen Topf auf den Tisch, genau vor mich. Wenn ich beim Essen der

Tante oder dem Onkel in die Augen sehen wollte, musste ich mich leicht erheben. Es gab Tokány, einen ungarischen Fleischtopf mit gebratener Schweineschulter und Essiggurken. Tibor saß neben mir, schob seinen Fuß neben meinen und strich mir über den Oberschenkel, wenn eine Tirade der Tante besonders lang dauerte. Auch bei ihr ging es um die Obdachlosengesetze, sie war empört, dass der Bürgermeister bei Minusgraden auf solche Ideen kam und so viele Unterstützer fand. Während Tibors Onkel mir die Petersilienkartoffeln reichte, zählte die Tante die Krankheiten auf, die sie dem Bürgermeister an den Hals wünschte. Dann kam sie auf ihren Nagelpilz zu sprechen, der sie seit neuestem plagte und beschrieb die gelbbraune Verfärbung des Nagels, die luftgefüllten Hohlräume darunter und das entzündete Nagelbett. Sie rätselte über die mögliche Ursache (sie verdächtigte die Dusche im Thermalbad), beschrieb uns die Arznei, die ihr Arzt ihr verschrieben hatte (ein Breitband-Antimykotikum) und hielt währenddessen dem Onkel ihren leeren Teller hin, damit er ihr einen Nachschlag von dem Fleischtopf gab. Tibor übersetzte flüsternd, anfangs wortgetreu, dann kommentierte er nur noch ihre Sätze und erklärte mir, wie glücklich ich mich schätzen könnte, dass ich nicht alles verstand. In den kurzen Sprechpausen der Tante nickte ich und sie strahlte. Zum Nachtisch gab es Kastanienpüree, das der Onkel mit einem Suppenlöffel in ein Schälchen schaufelte. Die Tante sprühte Fertigsahne darüber, bis ich dankend abwinkte. Ich bekam mehr als alle anderen und sie bemitleideten mich, weil ich ohne Kastanienpüree groß geworden war. Schon nach einem Bissen wusste ich, dass ich nichts verpasst hatte, und ich begann, um Zeit zu gewinnen, mit dem Löffel etwas Sahne abzuschaben. Als die Tante im Flur verschwand, schob ich mein Kastanienpüree zu Tibor, der es, so schnell er konnte, auslöffelte. Der Onkel bekam nichts mit, er hatte die Augen geschlossen und lauschte der Musik, zwischendurch nickte er zustimmend und ließ ansonsten nichts von sich hören.

Manchmal bist du zärtlich, manchmal bist du kühl. Niemals bin ich mir im Klaren über dein Gefühl, schallte es aus den Boxen.

Die Tante kam mit lauter Wollknäuel im Arm zurück an den Tisch.

Ich wollte es euch nicht vor den Feiertagen zeigen, sagte sie, aber ich muss euch vermessen.

Sie wickelte uns nacheinander einen selbst gestrickten Mützenstreifen um den Kopf, und notierte, wie viele Maschen noch fehlten. Die Wollknäuel waren lila und orange.

Der Onkel war aufgestanden und stand am Fenster. Das Nachbarhaus versperrte die Sicht und man sah nichts als graue Fassade und blätternden Putz. Wenn man sich aus dem Fenster beugte, konnte man den Himmel sehen und das Wetter erraten, erläuterte der Onkel. Die Tante zog mich am Arm ins Bad.

Du musst dir die schönen Seiten unserer Wohnung ansehen, sagte sie und zeigte auf die Eckbadewanne.

Nagyon szép, sagte ich mehrfach, sehr schön, sehr schön, sehr schön, sehr schön.

Sie konnte nicht genug davon kriegen.

Willst du, fragte die Tante kichernd, und ließ heißes Wasser in die Wanne laufen.

Mein Hustenanfall war so laut, dass Tibor ins Bad geeilt kam und mir auf den Rücken klopfte.

Wir verabschiedeten uns mit Küsschen von der Tante und dem Onkel und schlitterten zu Tibor nach Hause. Der Schnee war in der Zwischenzeit plattgetreten und gefroren, und ich klammerte mich an Tibors Arm.

Meine Tante hat einen Narren an dir gefressen, sagte er.

Warum nur? Wir haben uns kaum unterhalten.

Du hast ihre Einladung angenommen. Kinga ist nie zum Essen gekommen, sie hat jedes Mal eine andere Ausrede gefunden. Nach ein paar Monaten war meine Tante so in ihrem Stolz gekränkt, dass sie kein Wort mehr mit Kinga gewechselt hat, wenn sie sich im Antiquariat oder bei meinem Vater über den Weg gelaufen sind. Offenbar hat meine Tante nur darauf gewartet, dass ich eine neue …

Er brach den Satz ab.

Eine Neue?

Tibor richtete den Blick auf seine Fußspitzen. Ein älteres Paar kam uns entgegen und wies uns auf eine besonders rutschige Stelle hin, ein paar Meter voraus. Ich bedankte mich.

Was wolltest du damit sagen?

Er antwortete nicht. Nach einer Weile setzte er langsam einen Fuß vor, zog den anderen nach, und wir gingen weiter.

In der Wohnung angekommen, warf Tibor seine Jacke über den Sessel, ging gerade auf den Fernseher zu, schaltete ihn ein, machte einen Schritt zurück und ließ sich auf das Sofa fallen. Er wechselte von Sender zu Sender, zwischen Zeichentrickfilmen und Sportveranstaltungen, Volksmusiksendungen und Nachrichten. Als ich ihm eine Hand auf den Oberschenkel legte, stand er auf und schlurfte in die Küche. Auf dem Weg verlor er einen Schlappen und kümmerte sich nicht weiter darum. Auf dem Bildschirm entdeckte ich auf einmal eine ältere Ausgabe von Tibor, die hinter einem Rednerpult stand. Ich beugte mich weit nach vorne. Der Mann hatte die gleichen Augen, die gleichen schmalen Hände und die gleiche Frisur. Seine Haare waren lediglich von grauen Strähnen durchsetzt.

Tibor, dein Vater ist im Fernsehen, rief ich.

Ich wunderte mich darüber, wie ähnlich sich die beiden sahen, erst dann fiel mir auf, dass Tibors Vater auf einer Veranstaltung der Fidesz-Partei sprach.

Wo soll Pál sein, fragte Tibor und balancierte zwei sehr volle Tassen Kaffee durch das Zimmer.

Er stand neben mir, als sein Vater zum Ende seiner Rede kam und die Reformen als hart, aber notwendig bezeichnete. Die Zuhörer schwenkten Fähnchen in den Parteifarben.

Der Pál, den ich kenne, würde nicht für diese Partei sprechen, sagte Tibor, das muss eine Montage sein.

Orbán schüttelte Pál vor unseren Augen die Hand, die beiden hatten ein staatsmännisches Lächeln aufgesetzt.

Dieses Aas, sagte Tibor und es war nicht klar, wen von den beiden er meinte.

Seine Hand zitterte und ich nahm ihm die Tasse ab. Er kniete direkt vor dem Fernseher, nur wenige Zentimeter trennten ihn von Orbán und seinem Vater. Pál deutete eine leichte Verbeugung an, bevor er sich zurück auf seinen Platz begab. Man konnte noch sehen, wie er seinem Sitznachbarn etwas zuflüsterte, was dieser mit einem Lächeln quittierte, bevor er sich daran machte, was auch immer es war, in seinem Notizbuch festzuhalten. Erst als sie schon wieder Orbán zeigten, der zu seiner Rede ansetzte, fiel es mir auf: Es war Joachim.

Das kann nicht sein, sagte Tibor, der natürlich Pál meinte.

Wir wussten beide, dass diese Sendung keine Fälschung sein konnte. Jemand hatte die Seiten gewechselt und büßte nun, indem er seinen einstigen Gegner öffentlich hofierte.

Wie kann er nur, sagte Tibor.

Wer weiß, was er durchgemacht hat.

Stellst du dich etwa auf seine Seite?

Nein. Aber kannst du wirklich ausschließen, dass du einmal einen Fehler machst und die richtige Seite verwechselt?

Bei einem Kameraschwenk ins Publikum waren erneut Pál und Joachim zu sehen. Ich konnte die Überschrift des Portraits schon vor mir sehen: AUSVERKAUF DER SEELE. DER SELBSTVERRAT EINES OPPOSITIONELLEN IN UNGARN. Ich fragte mich, wie er sich Páls Vertrauen wohl erarbeitet hatte, warum in aller Welt er mehr wusste als Tibor und ich.

Pál wird seine Gründe haben, sagte ich und schaltete den Fernseher aus. Ich erwähnte Joachim besser nicht, Tibor wirkte so schon verärgert genug.

Tibor antwortete nicht. Normalerweise versuchte ich in solchen Situationen, die Stimmung mit kuriosen Fakten aufzuheitern, doch Tibor sah nicht so aus, als würde ihn die Existenz von Reismehlkäfern und Zickzack-Blattwespen interessieren. Nur das regelmäßige Tröpfeln eines Wasserhahns taktete unser Schweigen.

Nach einer Weile sprang Tibor auf, er lief vom Bad in die Küche und wieder zurück, wickelte ein Geschirrtuch um die undichte Stelle an der Badewannenarmatur und beschwerte sich über die Handwerker, die er letzte Woche bezahlt hatte und die offenbar ihre Arbeit nicht verstanden.

Die Gründe eines Überläufers interessieren mich nicht. Das ist wie ein Faustschlag in mein Gesicht.

Manchmal muss man erst an sich selbst denken, bevor man sich um andere kümmern kann.

Warum hat er mich nicht angerufen?

Er trank seinen Kaffee in einem Zug aus, dann sprang er mit schmerzverzerrtem Gesicht auf, öffnete den Mund und fächerte sich Luft zu. Ich brachte ihm ein Glas kaltes Wasser aus der Küche.

Das ist wie im Flugzeug, sagte ich, wenn etwas passiert, musst du zuerst dir die Sauerstoffmaske aufsetzen, bevor du anderen Passagieren hilfst.

Mein Vater ist völlig durchgedreht und du willst das schönreden. Fühlst dich hier jetzt schon so heimisch, dass du zu den Ultra-Patrioten gehörst, oder was?

Er blickte mich herausfordernd an und für einen Moment war ich kurz davor, ihm alles zu erzählen. Von Anna, die Wissen sammelte wie andere Briefmarken und die ihre Mutter mit Energie auftanken musste, Tag für Tag. Anna, der irgendwann nur noch das gefiel, was ihren Eltern nicht gefiel. Anna, die an der Brezelschlingmaschine den Ton angab und Anna, die ihre Jungfräulichkeit in der Zugtoilette verlor. Anna, der man alles anvertrauen konnte, die alles mit sich machen ließ. Die ihre Interessen wechselte wie ein verfluchtes Chamäleon. Ich überlegte, was Tibor wohl zu all den Annas sagen würde. Den Annas, die ich versucht hatte zu sein, bis ich selbst nicht mehr wusste, wie das Original eigentlich aussah. Ich hatte jede Rolle so lange gespielt, bis es zu anstrengend wurde und sie dann aus Gier nach mehr oder einfach aus Angst gegen etwas Neues eingetauscht.

Der Fernseher lief noch immer, aber Tibor starrte auf den Boden. Er hatte eine Hand zur Faust geballt und sah aus, als würde er gleich eine Fensterscheibe zertrümmern.

Von Kindesbeinen an hatte ich gelernt, Rücksicht zu üben, mich um das Wohl der anderen zu sorgen. Aber wo hatte das hingeführt? Warum hatte mir niemand beigebracht, ich selbst zu sein? Ich wusste nicht mehr, wann diese Unzufriedenheit angefangen hatte. Wann ich immer stärker spürte, dass mir etwas fehlte. Wann ich mich verloren hatte. Vielleicht am Balaton, inmitten dieser Sehnsucht nach Kingas Leichtigkeit. Nach ihrem losen Mundwerk, ihren schaukelnden Brüsten, ihrer unbändigen Energie. Aber waren die anderen denn immer sich selbst treu? War Tibor immer Tibor, oder war Kingas Tibor ein ganz anderer als mein Tibor, nicht zu vergleichen mit Páls Tibor? Ich stellte mir vor, wie leicht sich alles anfühlen würde, wenn ich mich nicht mehr verstellen müsste. Wenn ich Tibor alles erzählen würde. Du musst immer auf deinen Bauch hören, hatte Kinga mir schon am Balaton eingetrichtert, und seitdem hatten diesen Spruch viele andere wiederholt. Doch der Bauch sagte mir, dass ich all das im Moment besser für mich behalten sollte.

Du hast ja Recht, ich finde es auch unbegreiflich, sagte ich und legte Tibor eine Hand auf den Arm, aber vielleicht wirst du deinen Vater erst verstehen, wenn du mit ihm gesprochen hast.

Sagt das etwa die Tochter, die seit Ewigkeiten nicht mit ihrer Mutter gesprochen hat?

Wir starrten uns mit offenem Mund an. Ich wollte ihn mit der Kaffeetasse bewerfen. Und er wollte mich am liebsten hinauswerfen. Aber wir taten nichts. Als Geräusche aus dem Bad kamen, sprangen wir gleichzeitig auf.

Die Armatur, riefen wir wie aus einem Mund. Das Wasser rauschte, als würde jemand ein Vollbad einlaufen lassen. Tibor rannte zum Schrank, warf mir ein paar Handtücher zu, und ich versuchte, damit das Rohr zu stopfen, aus dem das Wasser herausschoss, während er in die Küche rannte, um den Haupthahn abzustellen. Als er zurück ins Bad kam, stand ich klitschnass vor ihm. Ich wusste immer noch nicht, wie ich hätte beginnen sollen und begann deshalb, mit dem letzten trockenen Handtuch den Boden zu wischen.

Wir kümmern uns später darum, sagte Tibor.

Er strich mir eine Haarsträhne aus der Stirn, zog mich langsam aus und warf meine Kleidung auf den Handtuchberg. Auf der Straße vor dem Haus heulten zwei Alarmanlagen gleichzeitig. Ein Nachbar riss sein Fenster auf und fluchte, weil die Autobesitzer nicht auftauchten und ihn der Lärm nicht schlafen ließ. Tibor trug mich auf sein Sofa, bettete sein Gesicht in meinem Schoß und dann lachten wir erst über das Chaos und den Lärm, dann über unseren Streit.

Du hattest Recht, sagte er.

Wir nickten ein, die Köpfe schwer von Schnaps und Likör. Als mich der Wecker um halb fünf aus dem Tiefschlaf holte, kam es mir vor, als ob ich mich gerade erst hingelegt hätte. Tibor lag auf dem Bauch, die angewinkelten Arme hatte er neben dem Kopf abgelegt. Wenn Tibor schläft, sieht er aus wie eine Flunder, hatte Kinga einmal geschrieben. Ich hob den Kopf, wollte mich aufsetzen und fiel zurück ins Bett.

Ich bleibe, sagte ich und stellte den Wecker aus, die Zeit des Alibischlafs ist vorbei.

Kein Versteckspiel mehr, wollte ich noch hinzufügen. Doch als Tibor sich zu mir rollte und sein Gesicht in meine Haare tauchte, verkniff ich es mir.

Später tranken wir Kaffee im Stehen und tunkten die Enden unserer Croissants hinein.

Mann, Mann, Mann, sagte er, mein Vater hat sie nicht mehr alle.

Um ihn zum Lachen zu bringen, beschrieb ich ihm das Paarungsverhalten von Weinbergschnecken (sie kriechen mit den Fußsohlen aneinander hoch). Es half. Wir sprachen nicht mehr über Pál, so wie wir nach unserer ersten gemeinsamen Nacht nicht über uns gesprochen hatten, aber die Pausen zwischen seinen Sätzen waren mitunter so lang, dass ich ihn anstupsen musste, um ihm ein weiteres Wort zu entlocken. Er sah lange aus dem Fenster, knetete seine Hände und als er seine leere Tasse wieder mit Kaffee füllte, goss er einen Teil daneben. Die Brühe tropfte auf seinen hellen Teppich und er kümmerte sich nicht weiter darum. Ich holte die Polaroidkamera und fotografierte ihn von Kopf bis Fuß, als würde ich einen Starschnitt anfertigen. Erst in diesem Moment schien er langsam aufzuwachen.

Wir haben noch kein einziges Bild von uns, sagte ich und zog Tibor näher zu mir.

Wir verknoteten unsere Körper und fotografierten unsere Arme und Beine so, dass man nicht erkennen konnte, welche Gliedmaßen zu wem gehörten.

Das ist der berühmte Tibor-Anna-Knoten, sagte er und erhob feierlich die Stimme, als würde er bei einer Preisverleihung den Siegernamen aus dem Umschlag ziehen. Ich fragte mich, ob er in diesem Augenblick nur an uns dachte oder ob er Kinga vor sich sah, wie sie sich bei ihm unterhakte und sich eng an ihn schmiegte.

Das letzte Polaroid, sagte ich.

Ich bewegte das Foto auf und ab, um die Entwicklung zu beschleunigen.

Das bringt doch nichts, sagte Tibor.

Die Umrisse unserer Körper zeichneten sich langsam ab, aber vom oberen Bildrand erstreckte sich ein brauner Streifen wie ein getrockneter Kaffeefleck und überlagerte eine Hälfte meines Gesichts, offenbar war ein Teil der Entwicklungspaste bereits eingetrocknet und konnte sich nicht mehr zwischen der Ober- und Unterseite des Bildes verteilen. Die Zeit der Polaroids war abgelaufen, die Chemie funktionierte nicht mehr. Tibor lehnte das Foto von uns gegen die Zuckerdose auf dem Küchentisch, wir stellten uns davor und sagten eine ganze Weile lang nichts. Ich hatte alle Polaroids, die seit meiner Ankunft in Budapest entstanden waren, bei Tibor deponiert. Erst vor wenigen Tagen hatten wir sie auf dem Fußboden ausgebreitet, um meine einzelnen Stationen nachzuverfolgen. Wir erinnerten uns daran, wie mich die japanischen Touristen an der Basilika fotografiert hatten, wie er mir den vierfarbigen Strickpullover seiner Tante übergezogen hatte und wie wir nach Csabas Geburtstag vor Èva geflüchtet waren und unsere Klamotten in seiner ganzen Wohnung verstreut hatten. Wir ahmten die Geräusche nach, die uns voneinander im Gedächtnis geblieben waren, Tibors leises Schnaufen im Schlaf, das er auf keinen Fall als Schnarchen bezeichnen wollte und meinen Aufschrei, wenn ich die Zeit vergessen hatte, seine Zehen, die beim Gehen manchmal knackten und meine lauten

Schluckgeräusche beim Trinken. Ich versuchte immer wieder das Gespräch auf die nächsten Wochen und Monate zu lenken, auf meinen Auszug bei Èva und Csaba und einen möglichen Einzug bei ihm, auf die Optionen, die wir hatten. Tibor unterbrach mich und fragte nach den Zutaten für das Abendessen, nach der Wirksamkeit von Ingwer bei Erkältungen und nach der Wahrscheinlichkeit eines Regierungswechsels in Deutschland. Er hob mich in die Luft, bis ich mit den Füßen zappelte.

Denk nicht so viel nach, sagte er, es kommt wie es kommt.

Im Radio kündigten sie einen erneuten Temperatursturz an und wieder Schnee. Tibors Handy vibrierte, er sah auf das Display, stand auf, ging hinaus und zog die Küchentür hinter sich zu. Ich hörte sein nervöses Getrappel im Flur. Er sprach so leise, dass ich ihn nicht belauschen konnte. Ich bekam Gänsehaut und konnte nicht länger still dasitzen, stellte den Wasserkocher an. Sobald das Wasser kochte, legte ich den Schalter erneut um, wieder und wieder. Die Küchentür quietschte in den Angeln. Tibor blieb im Flur stehen und sah mir nicht in die Augen.

Ich muss dir etwas über mich erzählen, sagte ich, am besten wir setzen uns.

Doch Tibor schien mit seinen Gedanken weit weg zu sein, er antwortete nicht und fixierte den Holzboden, als ob er kurz davor wäre, die Dielen abzuziehen und neu zu lackieren.

Kinga ist aufgewacht, sagte er, ich fahre zu ihr.

Ich stellte die Dunstabzugshaube auf die höchste Stufe, schaltete das Radio an und öffnete das Küchenfenster sperrangelweit. Ich wartete darauf, dass mich der Lärm ablenkte und klopfte mit den Fußspitzen auf das Parkett. Wenn ich etwas von meiner Mutter gelernt hatte, dann das manchmal nur eine Flucht half, ein neuer Anfang an einem anderen Ort, umgeben von Menschen, die einen nicht kannten. Das funktionierte immer. Aber tat es mir gut? In der Wohnung gegenüber saugte ein Nachbar mit Kopfhörern auf den Ohren seine Wohnung, während seine Frau um ihn herumlief und auf ihn einredete, bis sie über das Kabel stolperte und zu Boden fiel. Auf dem Balkon hatte sich eine Katze auf einem Klappstuhl zusammengerollt, aus einem Blumentopf ragten ein paar kahle Äste. Ich legte das letzte Polaroid auf den Tisch. Auf einmal kam mir der braune Fleck nicht mehr wie ein Zufall vor. Was hatte ich geglaubt? Ich strich über das glatte Fotopapier und wartete darauf, dass Tibor es sich anders überlegte. Ich hörte ihn im Flur hantieren und wünschte mir, er würde seine Jacke und Schuhe wieder ausziehen. Etwas krachte zu Boden, vermutlich der Garderobenständer. Der Schlüssel rasselte, und er rief mir zu:

Machst du die Tür zu, wenn du gehst?

Danke

Ich danke Stephan Sahm für ungarische Polaroids, bayrisches Bewegtbild und alles andere, Janna Heimberg, Fiona Sara Schmidt und Thomas Ladwig für die grandiosen Vorablektorate, Matthias Hofmann und der Mühlenbeck GmbH für die Einführung in die Brezelschlingkunst, Frank Rausch für sein gesammeltes Tapir-Wissen, Marlen Engehausen und Daniel Sahm für die sterilen Fakten, Nenad Tomasinjak für die Musik, Verena Christoph, Mike Dulkeith, Julia Monge Duarte, Claudia Klein, Daniel Kurrle und Heidi Vogel für die Unterstützung bei der Recherche, Beatrice Beckmann und der Agence Hoffman für das frühe Vertrauen sowie allen Teilnehmern der Schreibwerkstatt 2012 der Jürgen-Ponto-Stiftung.

CLUBBING | LESUN
GESPRÄCH | LIVE-I
KLUSIVE TEXTE | F
STATT | PARTYS |
TRAILER | **SEHEN**
REZENSIONEN | IN
PARTNERBUCHHAI